NATIONAL
GEOGRAPHIC

NATIONAL GEOGRAPHIC

美国国家地理全球史

美索不达米亚文明

The Civilizations of Mesopotamia

美国国家地理学会 编著　　袁姗姗 译

中国出版集团　现代出版社

目　录

插图（第2页）　地籍官员师布姆（Shibum）献给马里国王伊库–沙玛甘（Iku-Shamagan）的雕像，出自马里，公元前2455年（现藏于大马士革国家博物馆）。

插图（第4—5页）　乌尔大塔庙的入口阶梯，乌尔第三王朝国王乌尔纳姆（Ur-Nammu）修建于公元前3千纪。

插图（左侧）　马里国王兹姆里–利姆（Zimri-Lim）宫殿的壁画局部，公元前18世纪（现藏于巴黎卢浮宫博物馆）。

概 述

五千多年前，在今天的伊拉克的土地上，四个伟大的文化带动了一个漫长的文明进程，它们是：苏美尔文化、阿卡德文化、亚述文化和巴比伦文化，它们构建了早期著名的王国与帝国，构成了我们称之为美索不达米亚文明的人类文明策源地。“美索不达米亚”这个希腊词语，来源于亚兰语，指的是幼发拉底河与底格里斯河流域的领土。历史上最古老的文明诞生于此。在这片土地的中心地带，在酷热的阳光下，两河流域的居民建立了最初的城市。传说中，他们建造了直冲云霄的寺庙，闪耀如沙漠中的绿洲的奢华宫殿。

不过，除了《圣经》和古代作家们笔下的建筑外，当地居民的聪明才智也驱使我们去认识美索不达米亚的文化。人类的几个重大发现都要归功于文字与算术。前者让先驱们得以在史诗中呈现他们的恐惧、希望和憧憬；后者有分割时间和制作车轮的作用。人类发展的基本要素，并未随着曾经辉煌一时的建筑物的消失而烟消云散，如今依然鲜活地存在于我们的日常生活中。

与美索不达米亚文明相遇的意义，不仅是为了满足对于远古神秘时代的好奇心，而且是受邀与人类的过去相遇。

插图（第8—9页） 《受伤的母狮》，来自尼尼微城的亚述巴尼拔宫殿浮雕《猎狮》的局部图，公元前7世纪（现藏于伦敦大英博物馆）。

插图（左侧） 珐琅翅膀的斯芬克司（斯芬克司壁板细节图），来自苏萨城大流士一世（Darius Ier）的宫殿，公元前6世纪至公元前5世纪（现藏于巴黎卢浮宫博物馆）。

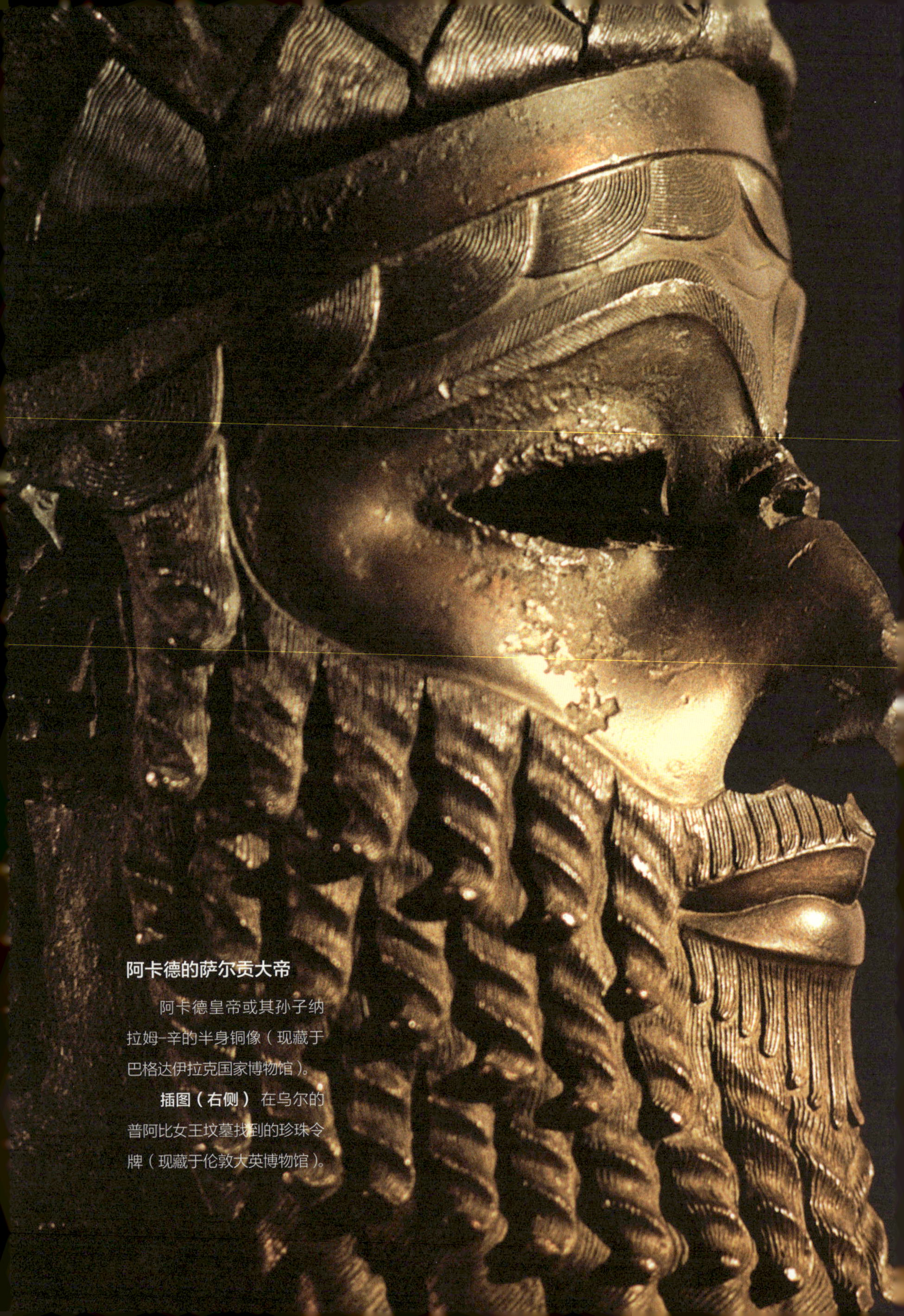

阿卡德的萨尔贡大帝

阿卡德皇帝或其孙子纳拉姆-辛的半身铜像（现藏于巴格达伊拉克国家博物馆）。

插图（右侧） 在乌尔的普阿比女王坟墓找到的珍珠令牌（现藏于伦敦大英博物馆）。

文明的起源：苏美尔与阿卡德

美索不达米亚的历史、政治、社会和文化发展起源于苏美尔人与阿卡德人。我们可以将之看作早期的中东文明。事实上，所有后世社会的概念与根源都源于这个文明，它们继承了这个丰沛想象力的文明。

公元前3千纪下半叶，阿卡德国王萨尔贡大帝为了界定新创立的帝国边界，呼告美索不达米亚众神之王恩利尔（Enlil）："恩利尔没有给他带来对手，而是赐予他上面的海和下面的海。自下面的海开始，阿卡德的后裔成为统治者。"和当时所有的文士一样，萨尔贡大帝在描述我们现今所熟知的地理面貌时，使用了别的名称。因此在文书中我们会看到这样的名称："上面的海"和"下面的海"（分别指地中海与波斯湾），"雪松之山"（黎巴嫩山脉），"普拉图河（Purattu）与伊迪克拉特河（Idiqlat）"（幼发拉底河与底格里斯河），"世界四方"（北方的苏巴尔图，南方

美索不达米亚第一阶段历史

公元前10000年—公元前7500年

新石器时代 新石器变革初期，驯化动植物，集中定居。

公元前7500年—公元前6000年

早期的村落 这是农业生产提高和人口增长的结果。

公元前6000年—公元前4500年

哈苏纳、萨迈拉和哈拉夫遗址 稳定的群居和技术的进步带来了早期文明。

公元前5000年—公元前3750年

欧贝德时期 灌溉技术在下美索不达米亚发展起来，这使得农业收成得到显著增长。

公元前3750年—公元前3150年

乌鲁克时期 发明车轮、帆船、陶轮、合金、文字，早期城邦发展起来。

公元前3150年—公元前2900年

捷姆迭特·那色时期 具备良好社会和政治结构的城邦的雏形得以发展。

的阿卡德，西方的阿姆鲁，以及东方的埃兰），或者“苏美尔与阿卡德”（美索不达米亚），“石之国”（阿曼），“青铜之国”（安纳托利亚），“雪花石膏之国”（埃及），中东古老文明的摇篮覆盖了今天主要由土耳其、叙利亚、巴勒斯坦、以色列、黎巴嫩、约旦、埃及、伊拉克和伊朗所占据的广阔土地。它的影响却远远超出了这片土地。事实上美索不达米亚的居民与邻近地区的居民建立了联系，从爱琴海海岸至波斯湾沿岸国家，甚至扩展到今天的巴基斯坦、阿富汗、土库曼斯坦和印度的领土。

由于几条主要河流诸如尼罗河、约旦河、奥龙特斯河、底格里斯河和幼发拉底河在这片土地上形

成了一个新月的形状，因此这片土地也被称为“新月沃土”。在这里出现了气候、地形与资源各异的五大区域。

西北方是广阔的安纳托利亚半岛，即现在的土耳其，西部与南部以地中海为界，北邻黑海。中部领土由高原构成，并环绕着数条山脉，北边是本廷山脉，南部是托罗斯山脉与前托罗斯山脉。位于安纳托利亚半岛东南部的扎格罗斯山脉是半岛与伊朗高原的天然边界。这片广阔的山区是自然资源生产与集散的主要地点，其中的一些稀有资源诸如木材、金属和宝石，在美索不达米亚十分罕见。发源于安纳托利亚的幼发拉底河与底格里斯河为两河流域的人们提供了丰富的水源。

两河流域

希腊人如此命名位于底格里斯河与幼发拉底河之间的平原，这两大河流都流入波斯湾。幼发拉底河两岸棕榈树的翠绿与沙漠的荒芜对比强烈。

这两大河流蜿蜒2000多公里，在波斯湾入海。它们也构建了第二大区域，也就是严格意义上的美索不达米亚。两河流域见证了中东文明的产生。这片区域包含了今天伊拉克的部分领土，向北包括了绵延至巴格达的上美索不达米亚，向南包括了下美索不达米亚，底格里斯河与幼发拉底河在此汇流入波斯湾。当地居民以农业和养殖业为生，但是由于自然资源极度匮乏，贸易发展变得不可或缺。河流成为承载财富流通、技术革新与文化创作的真正的“高速公路”。

第三大区域是位于美索不达米亚西部的叙利亚大草原，幼发拉底河中游的河谷从此穿过。大草原从阿拉伯沙漠一直延伸到海岸山脉和前黎巴嫩山脉。覆盖了今天叙利亚的大部分地区，在美索不达米亚、安纳托利亚和地中海沿岸地区间建立了天然联系。后者构成第四个大区，阿姆鲁，即外幼发拉底河地区（Transeuphratène），该地区沿叙利亚，经由现在的黎巴嫩、以色列，延续至埃及的尼罗河河口的沿海一带。此地商业贸易繁荣。最后，第五大区包括中东、伊朗高原，西部以扎格罗斯峰为界，北接厄尔布尔士山脉，东临广阔的沙漠。该地区自然资源丰富，伊朗高原是通往阿富汗、土库曼斯坦和巴基斯坦贸易路线的重要通道，珍贵的矿产资源就是从这里运来的。

这就是人类创造早期城市社会辽阔领土的大致轮廓。

从村落到城市

“恩奇都，你美丽而神圣，但你为何要像野兽一样在沙漠游荡？来吧！我要带你前往乌鲁克城。”这段文字节选自《吉尔伽美什史诗》，这是一个传奇故事，是人类最古老的文学作品。它很好地展示了美索不达米亚文明兴起的决定性现象：由游牧部落（诗中的“像野兽一样在沙漠游荡”）逐渐过渡到在我们称之为城市的地方定居生活。例如，乌鲁克城市的居民使用“围栏”看护家畜。这些城市雏形并非突然出现的，也不是只在一个地方出现。这是一个缓慢的过程。这一过程大约从公元前10000年至公元前3300年，持续了6000多年。

在这一时期，随着畜牧业向农业转型，人们的生活方式也发生了巨大的变化。

半游牧民族依然处于前新石器时代（prénéolithique）[1]，以狩猎和采集为基础，他们首先建起了季节性的营地和半埋入地下的窝棚，然后是只有一间房的居住群落。公元前 6 世纪初，出现了一种新型的聚落方式，并且在后来的 2000 多年里，大部分的领土都建立了这种新的聚落模式：村落。

人口定居始于上美索不达米亚。从公元前 5800 年到公元前 4500 年，稳定的聚居陆续出现在这片土地上。哈苏纳文化（前 5800—前 5000）、萨迈拉文化（前 5600—前 5000）和哈拉夫文化（前 5500—前 4500）等多种文化相继出现。经两条大河灌溉的美索不达米亚平原，是发展新农业技术的最理想环境。排水、运河和灌溉为不断增长的人口提供了充分给养。哈拉夫文化末期，部分原始人类聚落遭遇废弃或摧毁。自欧贝德时期（前 5000—前 3700）开始，南美索不达米亚接替了北美索不达米亚，继续城市化进程。

乌鲁克与早期的城市

在埃利都（Eridu）的古城遗址上发现了美索不达米亚从小村庄向城市过渡的最早的无可争议的证据。对遗址的十九层考古发掘表明，自欧贝德时期到真正的城市出现时期，人类一直持续居住在此地。此外，考古发掘显示埃利都是按照明确的等级组织的。人们还发现了完整的宗教建筑。祭祀首领同时掌握着宗教、政治和军事权力，对其他人口实施某种形式的统治。后来，这些人被称为“恩”（en），意即“统治者”。埃利都还保留了某些从事专门工作人群的痕迹，例如：粮食生产、建造、手工业或者商业。

农业产量的增长、经济专门化、社会分层以及权力集中化，都导致了这一历史地区出现了一批城市。这一进程发生在南美索不达米亚，对应了乌鲁克时期（前 3750—前 3150），在乌鲁克的考古发掘提供了最有说服力的证据，这一历史时期也因此得名。如今距离幼发拉底河东大约 20 公里的这片地区，当时就位于河畔。其面积超过了 400 公顷，有几万居民。乌鲁克的经济基于专业化分工，其组织机构依

[1] 介于旧石器时代和新石器时代之间的时期，经济模式以狩猎和采集为主。——译者注

乌鲁克，苏美尔第一个大城市，历史的摇篮

苏美尔的乌鲁克城（Uruk）位于幼发拉底河畔。它的前身是公元前 5000 年前新石器时代的人类聚落。巅峰时期始于大约公元前 3750 年，结束于公元前 3150 年。在这漫长的时期里，这座城市成为最重要、人口最多的城市。

乌鲁克的城市核心区面积约为4平方公里。在苏美尔神话里，护城的防御工事长度约10公里，由城市的传奇国王吉尔伽美什于大约公元前2650年建造。中心原本由两个核心组成，一个是安努（又称库拉巴），另一个是伊安娜。每个城区各有一座神庙。一座神庙供奉的是天空和星系之神安努（Anu），另一座神庙供奉的是其女伊南娜(Inanna)，她是战争与爱情的守护神，掌管生死。人类历史最早的文字记录在乌鲁克，其最辉煌的时期可追溯至公元前3200年左右。乌鲁克末期，下美索不达米亚的统治权落入港口城市乌尔（Ur）手中。不过，乌鲁克在长达几个世纪的时间里依然保留重要地位。直至三世纪的萨珊王朝（Sassanide)才被最终废弃。也就是说在5000多年的时间里，这里一直有人居住。这是一个名副其实的记录。

插图 右图：加雷乌斯（Gareus）神庙遗迹鸟瞰图，是这座城市建造的最后一座伟大建筑。左图：雪花石膏小雕像，可能是乌鲁克一位身兼祭司之职的王，可追溯至公元前5千纪末或公元前3千纪初（现藏于巴格达伊拉克国家博物馆）。

托于中央集权的宗教权威，乌鲁克建造了许多规模宏伟的神庙颂扬他们。

在密集的城市化进程中，很多人口不从事农业生产，这反而极大地促进了技术和结构改进，并且所有改进都以提高农作物的产量为目标。人们为了扩大灌溉面积而拓宽灌溉网；发明一种比锄头更有效的农具——靠牲口牵引的犁，增加了开垦土地的面积；使用陶轮提高瓷器的产量。车轮、风帆和不断进步的冶金技术，也是重要的创新。不过，美索不达米亚被载入史册要归功于文字这一最卓越的发明。新的城市生活使得文字成为监测和清查无数商业、司法、

宗教、政治和文化活动所不可或缺的工具。

乌鲁克并非个例，同时期还出现了许多其他人口众多、经济活跃的城市。《苏美尔王表》（*La Liste des royales sumériens*）试图为美索不达米亚人记忆中的古代王朝排序，并将埃利都推选为历史上第一个城市。为彰显神恩基（Enki）的荣耀，它将是最高级别的宗教中心。而毫不逊色的尼普尔（Nippur）则是献给神恩利尔的。不论哪个时代，乌尔都是苏美尔的政治中心和经济领头羊。拉格什（Lagash）和乌玛（Umma）几个世纪以来都在争夺下美索不达米亚的控制权。

古代美索不达米亚与苏美尔文明

苏美尔文明被认为是人类历史上第一个文明，这与它的城市发展息息相关。在大约 3 万平方公里的下美索不达米亚，共有 18 个大城邦。

插图 来自乌鲁克的礼拜花瓶的碎片，可追溯至捷姆迭特·那色时代（前 3150—前 2900），画的是在牛棚里的一头奶牛（现藏于巴黎卢浮宫博物馆）。

苏美尔人的未解之谜

但这些原始城市的居民是谁呢？古老的资料里称美索不达米亚平原南部为“苏美尔国家”，因此历史学家把这个地区已知最早的居民称为“苏美尔人”。但自从发现苏美尔人的存在之后，在 19 世纪下半叶，历史学家又面临一个巨大的谜题：苏美尔人起源于哪里呢？在这点上历史学家的意见产生了分歧。第一种假设是，苏美尔人是一个外来族群，他们的到来必将为欧贝德末期或者乌鲁克初期的美索不达米亚带来社会、文化，甚至技术方面的变革。伴随着这批移民出

❶ **欧贝德** 该城的发展（前5000—前3750）使城市的名字成为真正意义上苏美尔文化第一阶段的名称。但是它更应该被视作一个半城的聚落。

❷ **埃利都** 在苏美尔传说里，这是大洪水前建造的五个城市之一。考古发掘证实了它是美索不达米亚已知第一个人口定居中心。

❸ **乌鲁克** 它的名字成为苏美尔文化第二阶段（前3750—前3150）的名称。它的人口多达几万人。被视为美索不达米亚第一个大城市。

❹ **乌尔** 在公元前3千纪时达到巅峰。其河港是苏美尔世界通往大海的最佳出海口。乌尔因此成为该地区的经济引擎。其防御工事绵延超过1平方公里。

❺ **尼普尔** 该城的人口定居始于欧贝德时期。它是美索不达米亚最重要的文化中心。这座城邦还具有圣城的地位。

❻ **基什** 该城邦试图对其他城邦实施政治统治。它至少具备一定代表职权。

❼ **拉格什** 在先后征服了乌玛、乌尔、乌鲁克与基什后，于公元前2450年左右达到顶峰，其影响力达到埃兰边境。

现的还有文字，即苏美尔语。这些人来自哪里呢？安纳托利亚、伊朗、印度都被提及了，但是没有任何证据可以证实其确切的地理来源，不论考古学证据还是语言学证据。

另一派研究者则认为，苏美尔人自欧贝德时期（前5000—前3750）就在美索不达米亚南部建立了政权。再往北，闪族人占了主导地位。“闪族”一词指的是中东和非洲一部分讲一种或多种闪族语言的人。这些语言分属于三个语支：东闪米特语支（阿卡德语、埃布拉语），西闪米特语支（亚兰语、腓尼基语、希伯来语……），中闪米特语支（示巴语、埃塞俄比亚语、阿拉伯语……），这其中大部分语言已经消亡。依照第二种假设，这三类语言的使用者是并存的，他们有共同的制度、信仰、生活方式和农业与手工业技术。最早发现的美索不达米亚泥板使用苏美尔语书写，证实当时的人们讲苏美尔语，但并不能说明在此之前使用的不是这种语言。欧贝德和乌鲁克时期的技术变化并非突然出现的，而是局部缓慢演变的结果。事实上，考古学证实了该地区显著的文化上的延续性。在乌鲁克对于天空之神安努（Anu）的神庙，尤其是献给女神伊南娜（Inanna）或者伊什塔尔（Ishtar）的伊安娜（Eanna）神庙进行的发掘工作，让2千纪间在同一地点建造的各种神庙得以出土。因此我们甚至需要研究美索不达米亚的苏美尔的起源。这必然与自公元前6世纪[2]建立于苏美尔国家北部的萨迈拉文化有某种联系。乌鲁克时期开始的城市化在其后的整个时期，即捷姆迭特·那色时期（前3150—前2900）继续发展。

早王朝时期（Le Dynastique archaïque）

捷姆迭特·那色时期之后、阿卡德帝国建立之前的这段历史被称为早王朝（前2900—前2334），早王朝本身又划分为三个时期（早王朝第一期、早王朝第二期和早王朝第三期）。苏美尔文明从此进入了由书面资料的出现而定义的历史，这与史前史截然不同。

《苏美尔王表》（以下简称《王表》）编写于很久之后的公元前2千纪，是了解苏美尔世界初期的重要资料。该文本列出了古代苏美尔历史和神话中的国王。第一部分提到了一些传说中的君主和包括大洪水（阿卡德语称为Abubu）在内的世界末日事件。这些君主的统治时间不可思议地漫长（长达43200年）。《王表》还提到了一位基什的国王，“恩美巴格拉西（Enmebaragesi）掠夺了埃兰国的武器作为战利品，成为国王并统治了900年”。人们在一块公元前2700年的石瓶碎片上发现了基什国王恩美巴格拉西的名字，这使他成为第一位有历史记载的苏美尔国王。因此这段简短的铭文似乎为我们打开了苏美尔历史的大门，时间上刚好对应早王朝第二时期（前2700—前2600）。

[2] 原文如此。但萨迈拉文化应为公元前6千纪。——译者注

《吉尔伽美什史诗》，人类最古老的史诗

作为苏美尔神话中的人物，吉尔伽美什据说在公元前 2650 年成为乌鲁克国王。他的名字出现在《苏美尔王表》中。但是没有任何证据可以证明他是真实存在的。人们是通过以他为主角的《吉尔伽美什史诗》认识他的，这是一部写在十二块泥板上的“小说”。

《吉尔伽美什史诗》讲述了传奇国王与他的友人恩奇都追求荣耀的历险故事。他们并肩与可怕的怪兽作战。他的友人死后，吉尔伽美什独自踏上了寻求永生之路。这部史诗被看作史上最古老的文字记载，也是最早对于人类处境进行思考的作品。这部作品涉及世界文学某些基本主题，比如权力和友谊，其中最主要的是死亡。吉尔伽美什的形象出现在大量艺术作品中。

插图 公元前8世纪的一块亚述的浅浮雕碎片。这块碎片表现的是一位英雄制服了一头雄狮，人们普遍认为这是吉尔伽美什。它被发现于亚述国王萨尔贡二世（Sargon Ⅱ）在霍萨巴德（Khorsabad）的宫殿（现藏于巴黎卢浮宫博物馆）。

神话与现实

《王表》还提到了其他君主，比如恩梅卡尔（Enmerkar）、卢伽尔班达（Lugalbanda）和吉尔伽美什，他们因后来颂扬其功绩的史诗而闻名于世。假如这些君主的存在得到证实，那么他们很有可能生活在早王朝第二期。乌鲁克国王吉尔伽美什与恩美巴拉格西有可能是同时代人。然而考古学家们并不具备任何无可争议的证据证明其历史真实性。

虽然《王表》给出的讯息与日期难以核实，却可以一窥苏美尔早期的社会和政治组织。某些文字体现了权力与宗教之间的联系，比如："王权自天而降，王权归于埃利都。"因此对于苏美尔人而言，王权来源于神授，政治权威在于庙宇。每个城邦都有其守护神。恩基之于埃利都，辛（Sin）之于乌尔，恩利尔之于尼普尔，沙拉（Shara）之于乌玛，沙玛什（Shamash）之于西帕尔（Sippar）……苏美尔人坚信神会自己选择他们在人间的代表。《王表》还列举了众多的城邦，由此可知即使这些城邦之间屡次发生对抗，却没有任何一个可以对其他城邦实施绝对控制，考古学遗迹也证实了这一点。

基什国王恩美巴格拉西的王位由其子阿伽（Agga）承袭。在阿伽统治时期，城邦被其对手乌鲁克攻克，后者在苏美尔内部确立了霸权。一段铭文写道，"基什被武器战胜，王权落在了伊安娜"，也就是乌鲁克的神庙。这句话确认了神庙和神职人员的核心作用。但是另一种类型的建筑——宫殿，很快就出现了。较早发现的遗迹在基什和埃利都。神庙和宫殿构成了苏美尔的二元政治，并将在苏美尔历史上留下长久的印记。

受到伊朗东南部的民族埃兰人的入侵，乌鲁克的统治结束于公元前 2550 年左右。乌尔的王子麦萨内帕达（Mesannepada）趁机夺取政权，建立了乌尔第一王朝（公元前 2560 年）。

乌尔第一王朝

乌尔在当时的苏美尔享有特殊地位。正当乌鲁克与尼普尔成为主要的宗教所在地，基什为政治主权而战时，乌尔确立了它在该地区的主要经济引擎的地位。该城

女王的竖琴

1919 年至 1934 年，英国考古学家伦纳德・伍利（Leonard Woolley）发掘了乌尔的遗迹。皇家陵墓给了他真正的宝藏。这里面最宝贵的是“乌尔的竖琴”，又称“乌尔的里拉琴”，这是已知最古老的弦乐器。这件使用木头、黄金和青金石制作的琴，可追溯到约公元前 2400 年。

该琴被称为“女王的竖琴”。这是在普阿比（Pu-abi）女王的殉葬品中发现的两把竖琴之一（现藏于伦敦大英博物馆）。

乌尔的旗帜：一件出色的作品

乌尔的王室陵墓是一个大型陵墓群的组成部分，这个大型陵墓群包含了2000多个墓葬。除了各种精美物品，考古学家还在这些墓葬中发现了著名的乌尔军旗。

这个旗帜是一个略呈梯形的箱子，高27厘米，长48厘米。侧面镶嵌着青金石、珍珠母和鳞片。据发现它的考古学家伦纳德·伍利说，它应该是被当作军旗携带的。其他研究人员则更多地将其视为一件家具或乐器的共鸣箱。这两面的画描绘了两个相反的场景：战争与和平。右图反映了战争的场景。它由三段场景构成，分别代表：❶**囚犯，**被赤身带到国王（中间比其他人高大的人）面前，他们身后是拿着斧头的显贵们。❷**国王的士兵，**身穿铠甲、装备斧头和长矛，他们刚刚打败并杀死了敌军，把幸存的俘虏带到君主面前。❸**四轮战车，**每辆战车配备了四个可以碾压敌军的野驴炮。约公元前2600年（现藏于伦敦大英博物馆）。

位于幼发拉底河畔，距离波斯湾仅50公里，拥有河海双港，东部地区的产品和原料都通过这个港口运达。

公元前2550年至公元前2400年的皇家墓葬群（早王朝第三期初期）可能是最能体现乌尔繁荣的证据。考古学家称，这组16个墓的墓葬群是一个奇怪的仪式现场，在中东历史上独一无二。在某些情况下，死者被埋在一个深深的墓穴的石室里，随行的还有他的部分贴身护卫、他的宫廷乐师和仆人，或许还有他的家人。考古学家在一些墓穴里发现了多达73具尸体，这些尸体都排列得很整齐，穿着华丽的服饰，佩戴着珠宝，旁边有乐

器。这样的布置首先排除了强迫殉葬的可能。

这些王室陵墓中的丧葬用品非常丰富，显示了乌尔的商业影响力。从埃及到安纳托利亚，从黎凡特到印度河谷，它的影响力到达了遥远的东方世界。开展如此大规模的商业活动，也需要调动大量的行政资源：外交官、司库、批发商、运输商、翻译……

这些墓葬体现出非凡的艺术水准：精美的金银器、某些器具上精细的镶嵌工艺、祭祀用品上刻画逼真的动物等。

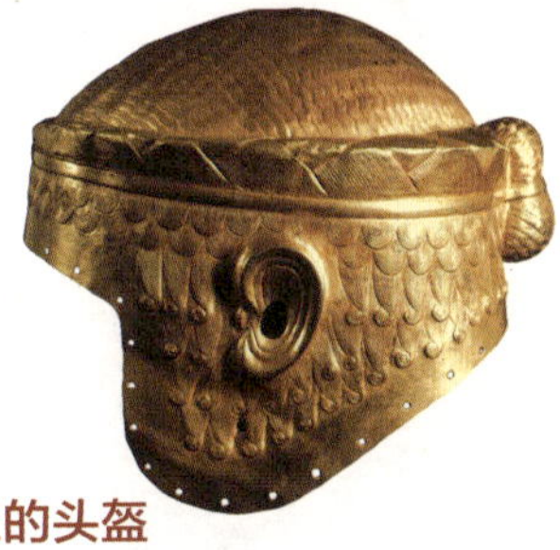

国王的头盔

头盔由金银合金制成，上面的装饰让人联想到人的头发。发现于乌尔第一王朝国王麦斯卡拉姆杜格（Meskalamdug）的墓中，公元前2500年（现藏于巴格达伊拉克国家博物馆）。

秃鹰碑与拉格什的胜利

秃鹰碑为了纪念拉格什国王恩纳图姆战胜乌玛城而建。两个城市对肥沃的领土和灌溉渠展开争夺。当乌玛国王乌什毁掉基什王及争端仲裁者麦西利姆立的界碑，战争爆发了。秃鹰碑建于公元前约2450年。被考古学家在拉格什圣城吉尔苏（Girsu）的废墟发现（现藏于巴黎卢浮宫博物馆）。

碎片上方的细节图是纪念碑命名的由来。秃鹰叼着战败敌军的头颅和残肢。

上方是拉格什军队，呈方阵跟随他们的国王向敌军行进。

在被击溃的敌人和一小段文字下面，出现了第二排士兵。他们手持长矛，暗示这是一支人民军队。

双面作品

这块石碑采用石灰岩加工，原本高度有1.8米。被发现时已经碎为7块，且并不完整。所谓“历史的一面”描述了这场战斗，碎片上方是飞翔的秃鹰，这也是碑名的由来。而“神话的一面”则代表了隐藏的力量，特别是拉格什的保护神宁吉尔苏正在用一个网捕获敌军。

画面之间穿插着大量的文字条。每段都讲述了一个事件的场景。

国王总是头戴光滑的头盔，头发在脖子处盘成一个发髻。国王的战服是一件饰有羊毛簇的裙子和在左肩上打结的披风。

❶国王

恩纳图姆走在军队前方，准备战斗。士兵们跟随在他身后用长矛掩护他。

❷武器

恩纳图姆的士兵主要装备长矛，并有头盔和大盾保护。

❸敌人

被胜利队伍击溃和践踏的乌玛士兵的尸体堆积如山。

❹战车

国王恩纳图姆高踞在他的战车之上挥舞长矛。他的身后是同样手执长矛保护他的士兵。

商业与城邦

麦萨内帕达王很懂得利用这些优势。在他统治的四十年间，他对整个美索不达米亚南部施行了强有力的统治，并使乌尔成为一个繁华的首都。但是他的影响力并不局限于这一地区。他们不知疲倦的商业活动使苏美尔人来到了他们的领土边界以外的地区，向西达到幼发拉底河和底格里斯河的上游。在那里，他们可以获得半宝石（红玉髓、青金石）、金属（锡、铜和银）和木材。幼发拉底河中游如马里、泰尔加（Terqa）、埃布拉等，上美索不达米亚如亚述、塔雅（Tell Taya）、布拉克（Tell Brak）等定居点的人口因此迅速膨胀。有的甚至发展为占地数百公顷的城市。这些新兴城镇和苏美尔之间的贸易往来也扩大了苏美尔文化的影响。这个影响在建筑和艺术方面以多种方式表现出来，其中最重要的是采用了楔形文字体系，每个族群根据自己的语言再做调整。但是每个城市都保留了各自独立的政治制度，这种制度以居于宫殿中的君主为基础。在苏美尔霸权之前就已存在外交关系体系，该体系必须根据新的权力制衡做出调整。

有关外交关系与苏美尔权力的证据并不缺乏。例如，苏美尔王送给马里国王安布（Anbu）一颗青金石珠子作为礼物，这里的苏美尔王指向的就是“乌尔王麦萨内帕达”。埃布拉城（Ebla）档案馆的数以千计的泥板证实了该地区居民之间密切而持久的联系。

埃布拉作为马里的重要城镇充当了自然资源贸易的枢纽，它从自然资源的产地安纳托利亚采购了原料以供应乌尔。苏美尔中心城市和上美索不达米亚中心城市之间的共生关系一直持续到阿卡德帝国的建立。

第一次统一

公元前 3 千纪中叶，美索不达米亚南部有 18 个大的城邦，它们分布在将近 3000 平方公里的土地上。人口增长和随之而来的农用土地的扩张，在城邦之间不可避免地引起政治和军事冲突。尽管各城邦在政治上彼此独立，但基什似乎享有一定的支配地位，因此其他城邦的某些君主对“基什王”这一头衔心怀觊觎。同样，当相邻的乌玛城和拉加什城因灌溉渠及其势力范围发生冲突时，麦西利姆（Mesilim）国王（可能来自德尔城）以“基什王”的身份充当了争端的仲裁者。但乌玛的国王并不屑于尊重这个所谓的神授协议，于是两城之间发生了长期的冲突。资料提道：“万国之王，众神之父恩利尔，凭借其至高的权威，在拉格什之神宁吉尔苏和乌玛之神沙拉之间划定了界线；基什王麦西利姆测量了界线，并在那里立了一座纪念碑。”

卢浮宫展出的秃鹰纪念碑的浮雕就纪念了约公元前 2450 年，拉格什王恩纳图姆（Eannatumu）对乌玛的一次重大胜利的场景。它描述了国王作为众神的使者，捍卫他们的财产。碑的一面是恩纳图姆国王在战场上取得胜利；另一面是拉格什的守护神宁吉尔苏击溃敌人，将胜利赐予国王和他的城市。

这两个城市为争夺最肥沃的领土和贸易路线的控制权展开的斗争持续了数年之久，且从未间断。

乌玛王卢伽尔-扎格西（前 2340—前 2316）的最终胜利为多年的争端画下句号。这次成功是卢伽尔-扎格西帝国政治的第一步。他成为整个新月沃土的第一位绝对统治者，领土扩张至整个美索不达米亚平原。乌鲁克成为伟大的首都。在尼普尔发现的一个绿泥石杯子上用苏美尔文镌刻着这样一段文字：“恩基把整个王国交给卢伽尔-扎格西，把所有土地置于他的脚下，把从东到西的土地交托给他。然后，自下面的海沿着底格里斯河与幼发拉底河到上面的海，恩利尔为其开路。”

萨尔贡大帝和阿卡德帝国

事实上，卢伽尔-扎格西对于整个美索不达米亚的控制只是表面的，并没有落实。大部分苏美尔城邦依然坚守独立。这造成了卢伽尔-扎格西帝国的解体。政权很快落入美索不达米亚第一帝国真正的缔造者、阿卡德国王萨尔贡大帝手中。阿卡德人在下美索不达米亚北部定居多年，他们的名字和语言都得名于阿卡德城。其首都阿卡德附近的基什与西帕尔人口尤其多。《苏美尔王表》中提到过这些君主的名字。他们形成一个由 11 位国王组成的王朝，延续约 180 年。第一位国王是萨尔

萨尔贡帝国，阿卡德人对新月沃土的统治

阿卡德的萨尔贡大帝出身寒微，攻克了苏美尔的一些城市，以及埃兰与埃布拉王国。他的扩张势不可当，最终控制了整个美索不达米亚。他的继任者未能阻止领土的分崩离析，但是历史将铭记他这位已知的第一位帝国缔造者。

萨尔贡的军事成就归功于军队的先进和战术的创新。他因此控制了新月沃土的大部分地区。直到15个世纪后，这种对肥沃土地、主要城市和贸易路线的控制，才被新亚述帝国超越。萨尔贡大帝自称“萨鲁-肯努”（sarru-kenu），阿卡德语中的意思是“合法的国王”。他不仅仅是一个好战的征服者，他在位期间建立了一个中央集权的政府模式，这个模式在中东地区被采用了1000多年。他为有效管理一片广大的领土建立了基础，这片土地由他本人一手缔造的首都阿卡德设立的权力机构统治。对贸易路线的行政和经济控制可以供应一个庞大而繁荣的帝国，这是第一个由单一的君主实现统一的帝国。左图是来自苏萨（Suse）的一块石碑细节图，上面可以看到一群囚犯（现藏于巴黎卢浮宫博物馆）。

贡，被称为萨尔贡大帝或阿卡德的萨尔贡，是美索不达米亚历史上最重要的人物。他的军事活动始于征服乌鲁克和其他城市，这些城市事实上是独立的，但名义上是在卢伽尔-扎格西的统治下。当萨尔贡成功地控制了苏美尔后，他开始实行帝国主义政策，这把他带到了美索不达米亚的边界之外。他先是征服了富庶的马里和埃布拉，然后到达地中海地区的拉木提（Larmuti），再到黎巴嫩、安纳托利亚，以及位于波斯湾的埃兰与迪尔蒙。他因此为建立一个统治整个美索不达米亚的国家奠定了基础。他所有的后继者将遵循这一政策，并取得不同程度的成功。

萨尔贡并不像卢伽尔-扎格西那样满足于在军事上和局部地区征服美索不达米亚的城市。这片领土版图过于广大，太容易发生叛乱，他希望建立一个稳定的统治。他懂得尊重苏美尔人的某些传统，保留苏美尔本土统治者“恩西”（ensi，祭司）与“卢伽尔”（lugal，国王）的职位。不过他还是任命自己的女儿作为乌尔的大祭司。显然他的政策是希望夺取所有权力。君主独立于神庙，起主导作用。萨尔贡采用了一个不失夸张的王室新头衔：全能的王、苏美尔与阿卡德王、世界四方之王……他把心腹安插到新的管理职位上，这些人往往来自他自己的家庭。阿卡德人通过夺取所有贸易路线的控制权来增

阿卡德帝国的君主

- **公元前2340年—公元前2284年**
  萨尔贡大帝（Sargon Ier d'Akkad）
- **公元前2284年—公元前2275年**
  瑞穆什（Rimush）
- **公元前2275年—公元前2260年**
  玛尼吐苏（Manishtusu）
- **公元前2260年—公元前2223年**
  纳拉姆-辛（Naram-Sin）
- **公元前2223年—公元前2198年**
  沙尔-卡利-沙瑞（Shar-kali-sharri）
- **公元前2198年—公元前2195年**
  伊尔吉吉/伊米/纳努姆/埃鲁鲁（Irgigi/Imi/Nanum/Ilulu）
- **公元前2195年—公元前2174年**
  杜度（Dudu）
- **公元前2174年—公元前2159年**
  舒图鲁尔（Shu-Durul）

强他们的经济实力，之前这些路线一直由苏美尔人把持。这为阿卡德人开启了一个繁荣富强的伟大时代。帝国的新首都很可能体现了这种繁荣。只可惜考古学家们一直未能找到这座古城。

危机中的阿卡德

古老的苏美尔城市，过去不曾被任何人控制，如今在政治、宗教、经济和文化上都处于一种强硬的统治之下。人们不得不缴纳沉重的赋税。此外，还有为执行远距离的军事行动和公共工程而频繁进行的征召活动。乌尔的商业港口被阿卡德夺取，导致美索不达米亚经济的重心转移到平原北部，从而不利于南部。所有这一切都导致在萨尔贡统治末期爆发了叛乱，其中一些威胁到了帝国的首都。

在这位伟大的君主死后，他的儿子及其他继承者不得不面对全面起义的局面。为了惩罚一场可能由乌尔主导、埃兰参与其中的新叛乱，瑞穆什（前 2284—前 2275）狠狠蹂躏了苏美尔城市。他下令施行了名副其实的屠杀以及大规模的驱逐。一篇碑文表明，“他攻陷埃兰和帕拉欣时，带走了 30 座金矿、3600 座铜矿的矿藏以及 360 个奴隶，作为献给恩利尔的祭品”。瑞穆什的继承人和兄长玛尼吐苏为了令苏美尔人与埃兰人臣服，也进行了非常残酷的战争。与此同时，在北方，埃布拉城在萨尔贡死后获得了独立，并重新控制了领土和通往安纳托利亚的路线。在东部，来自扎格罗斯山脉的卢卢比人（Lullubii）和库提人（Gouteans）的势力不断扩张，带来威胁；还有未来凶猛的对手胡里安人（Hourrites）。在北方航线被阻断的情况下，玛尼吐苏率领军队横穿波斯湾，进行了一次冒险而壮观的海上作战。他可能因此远赴马干（阿曼）寻找自然资源，如非常坚硬的银色或黑色的闪长岩，他命人用来制作雕像和石碑。与他可怕的弟弟瑞穆什不同，玛尼吐苏选择了与战败者合作，试图建立一个能够为帝国带来凝聚力的行政组织。

纳拉姆-辛的征服之战

阿卡德帝国最后一位伟大的君主名叫纳拉姆-辛（前 2260—前 2223），玛尼吐苏之子，萨尔贡之孙。通过多次军事行动，纳拉姆-辛成功地保住了萨尔贡定

埃布拉皇宫图书馆的两万块泥板

埃布拉皇宫位于现在的叙利亚，拥有丰富的档案资料。存档在木架上的泥板，上面有苏美尔语和埃布拉语的楔形文字。它们对应了该城约140年的历史。

公元前2240年左右，纳拉姆-辛的部队洗劫了埃布拉，摧毁并放火烧了皇宫。但是这些埋藏于废墟下的泥板经受住了时间的考验。考古学家找到了大约20000块泥板，年代在公元前2400年至公元前2250年之间，并在档案室里重建了它们的布局。

下的边界。他还进行了一些扩张，令国土直达位于凡湖附近的皮尔-侯塞因地区（今土耳其东南部）。其中有两场战争值得关注。第一场针对的是卢卢比人部落和库提人部落，他们后来战胜了阿卡德帝国。珍藏在卢浮宫内的纳拉姆-辛胜利碑讲述了纳拉姆-辛取得的这场胜利。第二场战争以攻占埃布拉城和摧毁其皇宫告终。那场大火焚烧了皇家档案室的数千块泥板。这些泥板的残骸一直埋藏在废墟中，直到19世纪被考古学家发现。它们是了解当时美索不达米亚历史不可或缺的资料。

纳拉姆-辛的辉煌胜利让他像其祖父那样，宣称自己是“世界四方之王”。他还要更夸张一些，命令臣民以他的名字起誓。此外，不论谁书写他的名字，都必须在前面加上神明所特有的表意符号。在美索不达米亚历史上，第一次有国王在去世前就被神化。尽管在美索不达米亚，神权与王权间有着密切联系，但两者依然存在本质区别。

纳拉姆-辛的继任者沙尔-卡利-沙瑞（前2223—前2198）没有称自己为神。

纳拉姆-辛胜利碑

此碑为了纪念阿卡德战胜卢卢比而建，这是一支来自美索不达米亚以北的扎格罗斯山脉的游牧民族。纪念碑高两米。它以非凡的精确度描绘了当时的风景和人物的细节。这块碑的年代在公元前2250年，现藏于巴黎卢浮宫博物馆。

❶ 纳拉姆-辛　他比其他人物高大，戴着一顶角盔，是他神性的象征。

❷ 高山　象征人类与神明的共融。国王正向峰顶攀登。

❸ 军队　阿卡德士兵跟在国王身后，呈方阵行进。他们装备了斧头和弓箭。

❹ 敌军　战败的卢卢比人请求宽恕，但却被践踏或从山上扔下去。

军旗手

这些都是美索不达米亚或埃及历史纪念碑上无处不在的象征形象。可以在纳拉姆-辛的纪念碑上看到他们。上图形象出现在马里的一块壁板上（公元前2400年）。

碑顶有三个太阳圆盘，其中一个已经严重损毁，它们代表了众神。据说在阿卡德人对卢卢比人的战斗中，这些神明对阿卡德给予了支持。

帝国的危机使得他仅仅保住了阿卡德王的称号。在他父亲统治的后期，西部的阿摩利人和东部的卢卢比人与库提人不断施压，造成了政治和军事上的紧张局势。

纳拉姆–辛死后，苏美尔各地城市逐渐恢复独立。

最先起义的是埃兰。国王普祖尔–因舒什那克（Puzur-Inshushinak）率先发动了几次军事行动，很快得到苏美尔其他国家的响应。公元前 2160 年左右，库提人突然入侵整个美索不达米亚，为阿卡德帝国的覆亡吹响了最后的号角。萨尔贡建立的国家只持续了不到两个世纪。虽然阿卡德帝国过早陨落，但它在美索不达米亚世界留下了深刻的烙印。最显著的体现就是阿卡德语仍然是通用语，就像当时他们采用了从苏美尔人那里继承的楔形文字一样。在与教权分离的君主统治下，建立一个统一的苏美尔，也是阿卡德遗产的一部分。

古蒂亚与苏美尔的复兴

阿卡德的陷落导致长达一个世纪左右的混乱与动荡。该地区没有任何一个君主可以全权行使权力。《苏美尔王表》生动地描绘了这一状况："谁是王？谁不是王？伊尔吉吉是王吗？纳努姆是王吗？伊米是王吗？埃鲁鲁是王吗？"最终一位名叫乌图–赫伽尔（Utu-Hegal）的乌鲁克王子驱逐了库提人，统治了苏美尔。

与此同时，另一个苏美尔城邦拉格什发展成一个广大而繁荣的国家。以古蒂亚为统治者，拉格什在方圆 5000 多平方公里的土地上建立了势力范围。至少有 17 个主要城市，一直延伸到安善（Anshan，今伊朗东南部）和扎格罗斯山脉。短途和长途贸易活动得以恢复，随后的和平时期让拉格什变得更加富强。吉尔苏（今特洛）作为国家实际的首都获益更多。古蒂亚建造或修复了超过 15 座神庙、运河和城市公共设施。

阿卡德君主制结束后，苏美尔回归了君权神授的传统，甚至古蒂亚的名字意为"被召唤的"也证实了这点。大量以他的形象制作的雕像，上面刻着他与众神的对话。这些铭文是苏美尔最古老、最长的文学作品。古蒂亚还实施了重要的行政和政治改革，在一定程度上稳定了社会，经历过阿卡德灭亡后的混乱时期，这一

拉格什的古蒂亚，公正、英明、虔诚的王子，优秀的统治者

古蒂亚是拉格什城邦最著名的统治者。与他的前任们不同，在国王称谓上他更喜欢使用恩（en）或帕特西（patesi），可以翻译为“统治者”。公元前 2144 年—公元前 2124 年，他在位的这 20 年是百姓安居乐业的太平盛世。还有数量可观的神庙与宫殿也是在他统治期间建造的。

献给众神的古蒂亚雕像与同时代的其他雕像有着截然不同的形象，后者总是被塑造成取得胜利、渴望征服的战士。同一时期从来没有除他之外的伟大形象能激发如此众多的作品，考古学家在古城吉尔苏即现在的特洛（Tello）发掘时，发现了27个闪长岩雕像。拉格什的古蒂亚不仅是一位虔诚的君主和英明的统治者，还是一位建造师，不论建造神庙还是水利工程，目的都是改善臣民的生活条件。卢浮宫珍藏的还原碑文和古蒂亚圆柱碑上辑录了他在位期间的事迹，将他描述为一位关心人民福祉的君主。他还被后世视作一位公正而英明的君主。下方插图，古蒂亚雕像，公元前2120年左右，发现于吉尔苏（现藏于巴黎卢浮宫博物馆）。

迪亚尔，饰有一排排圆环，可能表示这是一顶羊毛帽，这种高边帽在乌尔第三王朝的君主中很盛行。帽子下方是雕刻成鱼鳞状的眉毛，双眉总是汇聚到一起。

手势，手势体现了对神明的虔诚和顺从，已知的古蒂亚的所有雕像都是同样的手势。所有作品的躯干也具备同样的特点：强壮的肌肉和些许的赘肉，这应该符合这位拉格什君主的实际面貌。

还愿碑，铭文显示此雕像献给神宁吉什齐达（Ningishzida）。古蒂亚雕像的铭文几乎都是献给苏美尔万神庙里的众神的。

做法是非常适时的。一个等同于总理的新的政治形象苏卡马赫（sukkalmah），在其中发挥了主要作用。

乌尔第三王朝

拉格什与乌鲁克两个城市象征了史学家所说的“苏美尔复兴”的开端。实际上它们在归顺阿卡德帝国后，就复兴了苏美尔文化。乌尔第三王朝的君主对于恢复苏美尔过去的荣耀贡献最大。

乌尔第三王朝的缔造者是乌尔纳姆国王（约前 2112—前 2095），很可能与曾经驱逐了库提人的乌图-赫伽尔国王有亲缘关系。他宣称自己是乌鲁克和乌尔的主宰，苏美尔和阿卡德

乌尔纳姆国王

月神南纳（Nanna）授予苏美尔君主王权。月神把皇室的象征一把古尺和一个铅垂线赐予他（现藏于费城宾夕法尼亚大学考古学与人类学博物馆）。

乌尔大塔庙，美索不达米亚第一座神庙

乌尔纳姆，乌尔第三王朝的创建者，也是苏美尔复兴时期的建筑师，他修建了美索不达米亚第一座齐古拉塔庙。这座塔庙从此成为一个范本。它被献给这座城市的守护者月神南纳，又称为“辛”。

这座巨大的建筑位于乌尔城的圣域内，将南纳神庙环绕其中。建筑为三层叠加式。塔庙内有一座供奉城市主神的寺庙。新年期间，神灵与女祭司在此举行圣婚，旨在确保城市的繁荣。台阶象征了众神下凡时要走的路，也有可能还有其他用途。

插图（左侧） 阿马尔-辛（Amar-Sin，前2046—前2038）统治时期女子形体形状的建筑用钉子，在建造寺庙时这种金属小雕像用来表示对仪式的尊重（现藏于巴黎卢浮宫博物馆）。

的国王，也是“强大的国王”。这位君主恢复苏美尔语为官方语言，建立新的度量衡制度，制定新的历法。他在乌尔建造了美索不达米亚的第一座塔庙（一种阶梯式宗教建筑）。然而，他最重要的贡献是缔造了《乌尔纳姆法典》，这可能是人类历史上最古老的法典。1952年在尼普尔考古发掘中发现的一块泥板揭示了它的存在。乌尔纳姆还修建了多条运河，为农业和商业发展注入新的活力。乌尔的内河港口成为当时最繁忙的港口，是名副其实的商业飞地，各种商品和精美产品都在那里中转。乌尔纳姆国王

❶ **寺庙** 位于整个建筑结构的顶部，献给乌尔人供奉的月神南纳。

❷ **建筑结构** 巨大的齐格勒塔庙用晒干的土坯砖砌成，外层采用烧制的砖。

❸ **露台** 露台原本有七层，如今只保留了三层。

❹ **入口** 一个主台阶和两个侧台阶都通向主门。

❺ **主门** 非常宏伟壮观，三道台阶在此汇集。面向七层露台中的第一层。

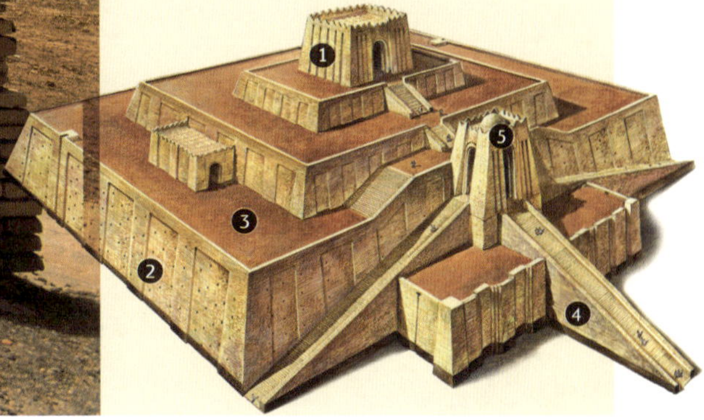

及其继任者在死后都被神化。乌尔第三王朝更是在其子舒尔吉（Shulgi，约前 2094—前 2047）时达到巅峰。

舒尔吉在位的前几年致力于加强自己的权力，并继续进行其父发动的行政和政治整顿。随后他创建并强化了一支常备军。他利用这支队伍进行了一系列军事行动，巩固了对整个领土的统治。乌尔因此成为帝国的首都，这个帝国从波斯湾扩张，把埃兰、上美索不达米亚和马里包括在内。

为了增强帝国的稳定性和凝聚力，舒尔吉加强

君主年代表

公元前 2119 年—公元前 2113 年
乌图-赫伽尔

约公元前 2112 年—公元前 2095 年
乌尔纳姆

约公元前 2094 年—公元前 2047 年
舒尔吉

公元前 2046 年—公元前 2038 年
阿马尔-辛

公元前 2037 年—公元前 2027 年
舒-辛

约公元前 2026 年—公元前 2004 年
伊比辛

了中央集权。他任命几位家族成员管理帝国最重要的城市，将其置于军事指挥官的控制之下。他设立了高效的税收和供应体制。他的儿子阿马尔-辛（Amar-Sin，前2046—前2038）继承了一个繁荣的帝国。但是到了阿马尔-辛的兄弟舒-辛（Shu-Sin，前2037—前2027）统治时期，苏美尔人再次陷入危机。

苏美尔这场新的危机首先源于经济因素：田地过度开发，土壤盐碱化，导致收成不佳；随后更是遭受了各个游牧部落，特别是阿摩利人的入侵。苏美尔语称这个民族为马尔图（Martu），阿卡德语称为阿姆鲁（Amurum），意思是“西方”。他们来自苏美尔西部的叙利亚-阿拉伯大草原和沙漠地带。阿摩利人很早就与苏美尔人和阿卡德人有过接触。许多阿摩利人投身行伍，或者成为美索不达米亚社会的劳动者。

直到舒-辛统治之前，贝都因阿摩利部落只是偶尔爆发一些骚乱，并未构成实质的威胁。但是他们的人口增长非常迅速。为了寻找牲畜所需的草场和水源，他们入侵了肥沃的美索不达米亚，极具危险性和破坏力。苏美尔人把这些贝都因人视作野蛮人。当时的作品《阿卡德的诅咒》（*La Malédiction d'Akkad*）向我们证实：“马尔图人既不识种子，又不识房屋或城市……不懂耕种土地，茹毛饮血，幕天席地，不埋葬死者，马尔图人就是一群有着野兽本能的掠夺者。”舒-辛试图阻止他们的入侵，在巴格达以北的底格里斯河和幼发拉底河之间，建起了一座长约275公里的庞大防御体系，但也只能暂时阻止他们。

苏美尔的末日

最后一位苏美尔王伊比辛（Ibbi-Sin，约前2026—前2004）统治期间，帝国开始解体。王国被相继分离：先是埃什努纳（Eshnunna），然后是苏萨、拉格什、乌玛、德尔……阿摩利人利用边界削弱和帝国内部危机，成功地渗透到苏美尔内部并控制了贸易路线。这导致了粮食供应短缺。不幸的伊比辛国王还遭遇高级官员的叛乱，一位名叫伊什比-埃拉（Ishbi-Erra）的阿卡德人在伊辛（Isin）建立了新首都，并从乌尔独立出去。随后，埃兰人入侵苏美尔，并在西马什基（Simashki）、苏萨和安善国王金达图（Kin-dattu）的指挥下，于公元前2004年左右洗劫了乌尔。保存在卢浮宫中的一首 12 章节诗歌《哀悼乌尔的废墟》(*Lamentation sur la ruine d'Ur*)慨叹了苏美尔政权的悲剧性衰落:"哦,南纳!这座城只余废墟,城墙被摧毁,人民在哀叹,百姓曾经过的庄严门下,现在只有尸体陈列,昔日欢庆国家节日的街道,如今尸体堆积如山。乌尔陷落,百姓颠沛流离。"

最后一位苏美尔王伊比辛被俘后被带到安善,而他的叛官伊什比-埃拉则设法在伊辛避难。苏美尔作为一个政治实体消失了,苏美尔语也最终消亡了。人类第一个文明的历史就这样结束了。

档案：文字的诞生

5000 年前，美索不达米亚的苏美尔人发明了文字。文士们将这门珍贵的艺术发展得淋漓尽致。他们在国家设立的学校里学会了这门艰难的技艺。

美索不达米亚文字的出现和演变，是顺应苏美尔社会需求的一个漫长的过程。公元前 4 千纪末，苏美尔经历了前所未有的城市扩张，但人们不知如何处理不断增长的信息和数据。随着商业贸易的迅猛发展，经济领域产生了各种各样的烦冗讯息。政府部门也不例外。当局不仅要控制税收，还要掌握庙宇越来越频繁的实物进出。人类记忆的不足推动了苏美尔人加倍发挥聪明才智，开始寻求一种可以强化记忆的系统。

文字出现以前，语言是唯一的交流方式，从公元前 7 千纪开始在整个中东地区使用的一种会计制度除外。这一体系以代币为基础。代币以石头或者黏土制作，形状和大小各异，目前已发现 1500 多种样式。每个代币代表一种事物或者价值，例如，一个酒瓶的符号可以表示“啤酒”，也可以表示容积的测量。

这些代币被放置在名为“布拉依”（bullae）的黏土球中，并用卖方的商标密封以确保交易。每当有疑问纠纷需要检查球体内的物件时，需要将其打碎。为了避免这种情况，商人们开始印制代币商标，趁布拉依表面黏土还是软的时压上去。

这就迈出了重要的一步：黏土第一次成为书写符号的载体。这些符号是象形符号，表示事物的外在形象。比如，酒瓶的符号就代表这是“啤酒”。后来苏美尔人意识到，因为他们已经在布拉依球表面留下刻痕，就没有必要把代币放进里面了。没有了代币，布拉依也就失去了意义。曾经的球体变得扁平，更加便于使用、运输和存储。苏美尔语称为“度布”（dub）、阿卡德语叫“吐普”（tuppu）的泥板应运而生。

金制还愿板 用楔形文字书写，献给乌玛保护神沙拉，公元前 2370 年左右（现藏于巴黎卢浮宫博物馆）。

最早的泥板

最早的泥板发现于乌鲁克，可追溯到公元前 3200 年。上面只有一些数字和象形符号。这些符号还不能被称为文字，它们描述的意思只有一种解释方式，即使是使用不同语言的人也能理解，因此它们并非某种特定语言的文字。我们可以理解一些符号，但是无法解读它们想要传达的信息。举例来说，如果我们在一块泥板上看到一个酒瓶、一个建筑平面图、一个代表耻骨的三角形和一个麦穗，那么所有人都能明白它们的意思是啤酒、寺庙、女人和大麦。但是每个人都可以根据自己的语言代码来“阅读”这条信息。这就产生了不同的解释：女人带来 / 已经带来 / 将要带大麦和啤酒到寺庙，寺庙把 / 已经把 / 将要把啤酒和大麦给女人……早期泥板上的符号并不是真正意义上的文字，只是一种图形联想，即象形符号。

显然无法使用一个符号来表示所有的现实。因此苏美尔人向真正意义上的文字迈进一步，把某些符号的含义扩大到一些难以表示的物质现实上。这一进程包含两个阶段：第一阶段是把不同的象形符号组合到一起，从而产生新的含义。假设一个人头表示“人”，一个三角形表示“面包”，这两个符号组合到一起表示“吃”；第二阶段是这些图像符号演变为“表意符号”。图画变成“楔形”，没有圆形或者圆柱形，这引起

多语种文字

公元前 3200 年

最早的带有铭文的泥板在乌鲁克出现。这是一些具有象形和表意价值的符号。

公元前 3000 年

在乌鲁克和捷姆迭特·那色出现了使用苏美尔语书写的泥板，这是具有语音价值的符号。

公元前 2400 年

阿卡德人采用了苏美尔书写系统，但是在整个中东推广他们自己的语言：闪族语。

公元 75 年

在巴比伦的埃萨吉尔 (Esagil) 神庙发现一本天文历，这是已知最后的楔形文字碑文。

公元 1835 年

对大流士一世时期的贝希斯敦（伊朗）浮雕的研究，开始破译楔形文字。

重量测量器 使用闪长岩制作，上面带有舒尔吉国王献给神南纳的铭文（现藏于巴黎卢浮宫博物馆）。

了极大的心理震荡。

当符号的音与意被分离时，它就获得了一种更抽象的全新价值：语音价值。例如，将鹿的象形表意符号与孔雀的象形表意符号结合起来，产生“蛇”（鹿—孔雀）这个意象。将两个原本孤立的象形文字的发音联系起来，赋予整体一个新的意义，独立于每个符号单独的意义之外。最早记载语音起源的泥板来自乌鲁克北部的捷姆迭特·那色遗址，年代为公元前3000年。从那时起，真正的文字才正式出现：一种不仅能够表现物质实体，而且能够表现特定语言的抽象文字和声音的工具。但是，最初它们只是一些符号。这种书写还无法表达语言所有的细微差别。象形符号、表意文字和表音文字并存，形成了多种解释。这种模糊性导致另一种符号类型的出现：音补和限定词。它们提醒阅读者在不同情况下应采纳的不同含义。

祭司和文士杜度 他生活在拉格什君主恩铁美纳统治时期（现藏于巴格达伊拉克国家博物馆）。

闪族人推动了文字的进一步演变。公元前2400年左右，他们把苏美尔语应用到自己本族的语言闪族语，其构词方式与苏美尔语截然不同。苏美尔语是一种黏着语，即通过在一个表达主要意思的词根上，添加一个具有语法意义的后缀来构成词语。苏美尔语也是单音节词，它的每个符号都指向一个词。闪族语是一种屈折语，即单词会根据语法而改变形式。闪族语还是多音节词，闪族人根据语音价值而非语义价值使用文字，因此它相当于一个音节。这种差异产生了发展语音学用途的需要。从那时起，文字可以从丰富性和细微差别方面呈现所使用的语言。

楔形文字的演变

从象形符号到字母

1. 最早的象形文字

公元前3200年左右文士开始记录收成。他们在泥板上刻下一个让人联想到麦穗的象形符号以代表大麦。拉长的刻痕说明这是借助一个尖锐的刻刀完成的。

2. 水平符号

公元前3100年左右文士改变了符号的排列方式，旋转了90°。这种修改满足了实际需要：文士的这一改变可以减少他的手腕动作。大麦如下图所示：

3. 不留污渍的笔尖

灯芯草笔尖有个缺点：画线时会在黏土中留下残留物，使泥板的外观变得粗糙。文士采用一种斜杆书写，这样可以在泥板上写出有很多小笔画的符号。公元前2500年左右，大麦的符号如图所示：

象形符号泥板 上面刻有苏美尔象形符号和亚述的楔形字符，公元前 7 世纪（现藏于阿勒颇国家博物馆）。

4. 文字的简化

楔形文字以楔形切口为基础，这有利于符号的简化，从而脱离了图画的表现形式。文士为了求快，于是只勾出四笔来表示大麦。

5. 横向书写

在早期的会计档案中，文士把符号分组，分别抄录在泥板的每个格子中。公元前2300年左右，文士开始按照从左到右的顺序横向书写。

6. 声音的符号

文士明白，他们可以使用楔形符号组成一个新的字，这个字的意思不同于它原本所表示的事物。因此他们把大麦的符号“舍”（she）用在一个具有类似音节的单词中，比如“舍尔库”（she-er-ku），表示“无花果蛋糕”。

乌尔南塞（UR-NANSHE）国王的泥板 来自吉尔苏古城，公元前 26 世纪（现藏于巴黎卢浮宫博物馆）。

楔形文字泥板 来自埃布拉，公元前 24 世纪（现藏于巴格达伊拉克国家博物馆）。

早期泥板上有被简化后横向排列的象形符号。随着语音符号体系的出现而发生了重大变化，从此文字能够以书面形式表达所有口头语言。

楔形符号的发展

		原始象形符号	旋转 90° 公元前 3100 年	古代苏美尔符号 公元前 2500 年	阿卡德帝国 公元前 2000 年	新亚述帝国 公元前 1 千纪
性质	**星** 这是一颗星的图案，相当于苏美尔语中的单词“安”（an），同样的符号还表示丁吉尔（dingir），意思是“神”。					
性质	**土** 这个图画像是一块耕地。苏美尔语读作“基”（ki）。	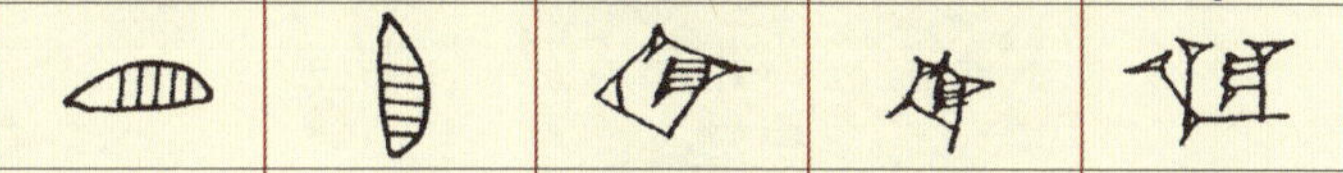				
性质	**水** 这是一条水流的图画。读作“阿”（a），也是介词“恩”（en）的发音。					
人类	**男** 图案似乎以线条的形式表现一个男人的躯干和头。读作“路”（lu）。	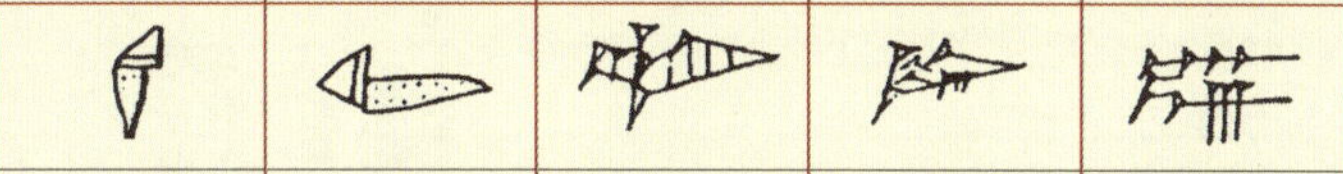				
人类	**女** 图案是女人的性器官。读作“萨尔”（sal）。也用“姆努”（munus）一词，意为“女人”。	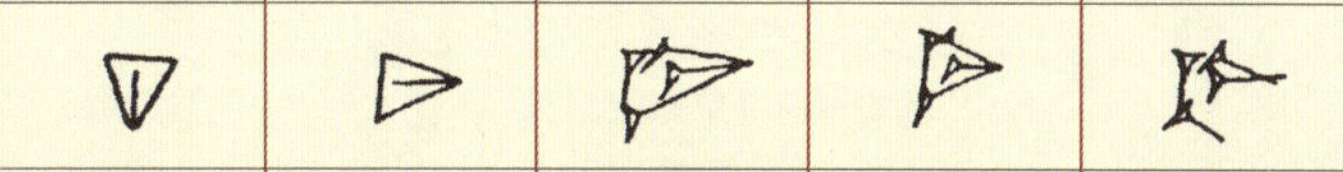				
人类	**口** 图案是一个用三条竖线表示嘴巴的脑袋。读作“卡”（ka）。	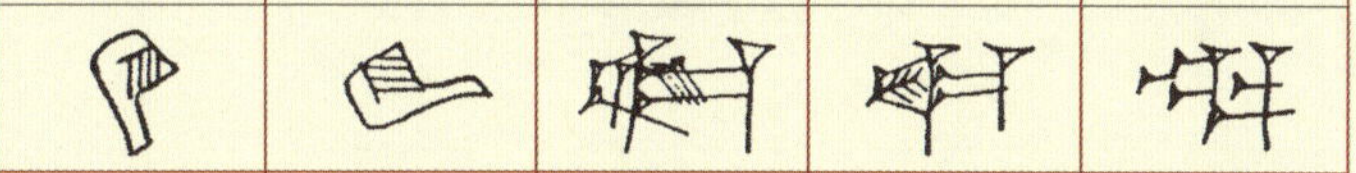				
动物	**牛** 我们可以认出一个用线条勾勒的牛头。读作“阿布”（ab）。					
动物	**鱼** 对应苏美尔语的“哈”（ha），也是“力量”的意思。	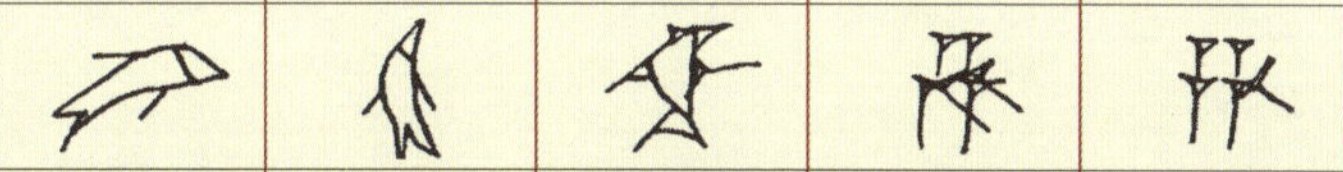				
动物	**鸟** 图案是一只飞翔的小鸟。读作“姆申”（mushen）。					
人类活动	**吃** 由“头”和“食”两个象形符号组成。读作“库”（ku）。	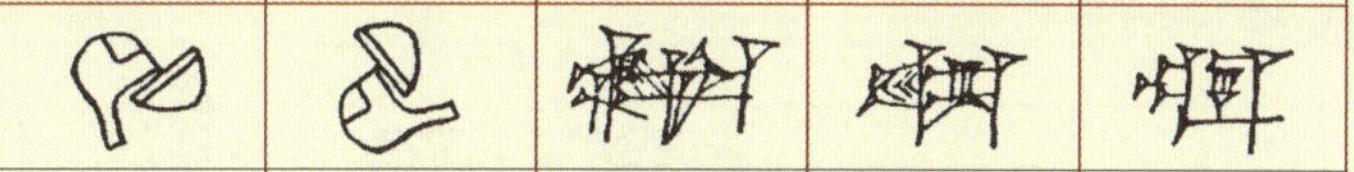				
人类活动	**走** 图案是正在行走的小腿和脚，读作“度”（du）。	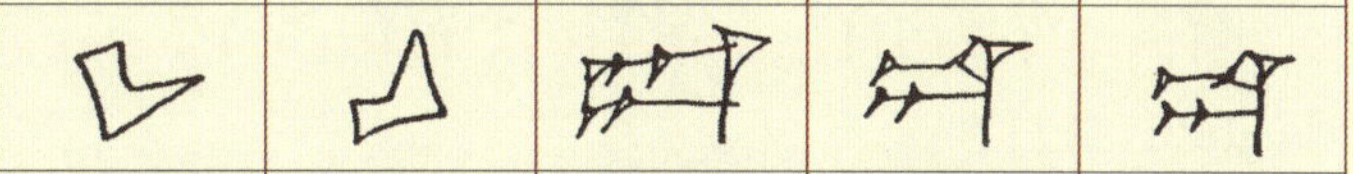				
人类活动	**喝** 由“头”和“水”的象形符号组成，读作“纳格”（nag）。	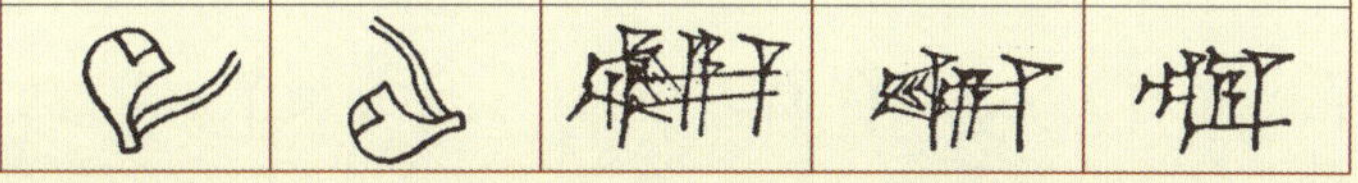				

泥板与数字：最早的数学系统

最早的苏美尔泥板出现于公元前 3200 年左右。它不包含任何文本，主要是一些跟寺庙物品管理有关的数字登记簿。以象形符号注释了各种产品的进出，例如肉、大麦、啤酒等。

公元前3100年左右的会计泥板

来自乌鲁克，这是苏美尔历史早期的一个会计登记示例。这些记录包括加工的大麦数量，以及其他数据，如产品的目的地或业务负责人的姓名。

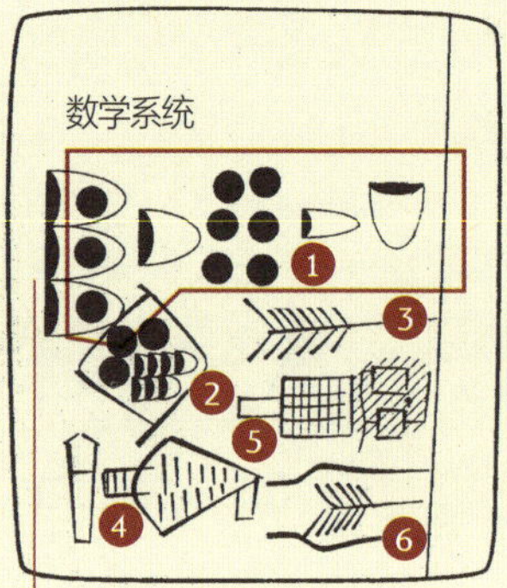

❶ **产品数量：**约135000升，以倍数表示。

❷ **时间周期：**约37个月（3个十位数符号，7个个位数符号）。

❸ **产品类型：**大麦以原始象形符号表示。

❹ **官员名字：**库什姆（kushim），由在其他泥板上的两个符号组成。

❺ **资料用途：**有可能是官员们做的一份资产负债表。

❻ **产品用途：**不确定，可能用作以物易物交易。

第一个数字系统

最早的抄写人在连续倍数的基础上创建了基本的计数系统。这使得大量记录成为可能。

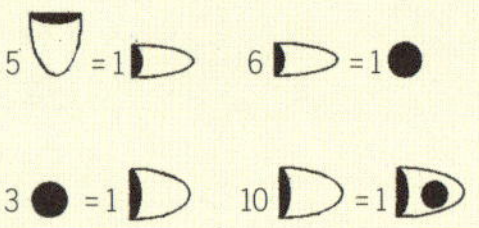

以大麦为例，最小的单位可能是4.8升。因此泥板上大麦的数量约为135000升。

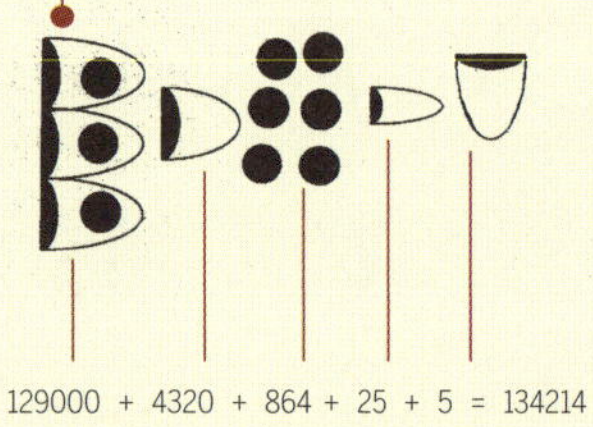

楔形文字中的数字

楔形文字发展的同时，人们也开始使用楔形切口来记录数字。苏美尔人结合了十进制系统（以10的倍数为基础）和六十进制系统（以60的倍数为基础）。

个位数（1到9）

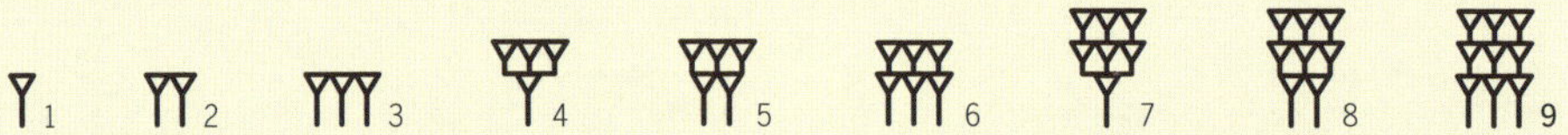

十进制（从10到59）

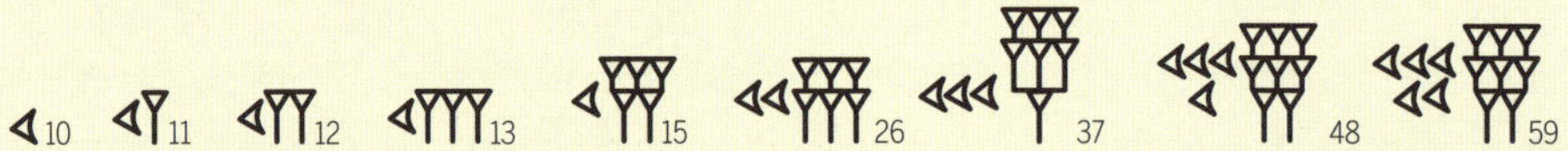

六十进制（以60为基数）

清点敌人人数 在新亚述帝国时期，书记官负责清点被杀敌人的头颅。公元前 8 世纪（现藏于伦敦大英博物馆）。

埃布拉遗迹

埃布拉城邦（马尔迪赫土丘）发现于 1964 年，这是一个面积为 60 公顷的椭圆形土丘，距离阿勒颇（今叙利亚）60 公里，城邦内有很多卫城。

插图（右侧） 汉谟拉比国王祈祷姿势的铜金雕像。出自拉尔萨城。公元前 18 世纪（现藏于巴黎卢浮宫博物馆）。

亚述与巴比伦

公元前 19 世纪，一个闪族游牧部落在政治上饱受摧残的美索不达米亚定居，这个民族就是阿摩利人。他们来自西部的沙漠与大草原，并很快建立起两个统治中东的伟大帝国，也促成了历史上技术和文化的重要进步。

乌尔灭亡后，伊辛的国王们渴望成为苏美尔君主制的合法继承人。在乌尔王伊比辛统治期间，反叛官员伊什比-埃拉建立了一个独立国家。在伊什比-埃拉及其后代的带领下，伊辛城控制了包括南方的圣城埃利都和北方的乌鲁克及尼普尔在内的领土。这里的统治者因此被尊为阿卡德和苏美尔王。他们统治了下美索不达米亚。为了证明自己头衔的合法性，他们编纂了《苏美尔王表》，并被当成第一代苏美尔王的后继者。伊辛国王们在位将近一个世纪，没有遭遇任何反对。其中的一

伊辛的君主

公元前 2017 年—公元前 1985 年
伊什比–埃拉（Ishbi-Erra）
公元前 1984 年—公元前 1975 年
舒–伊利舒（Shu-ilishu）
公元前 1974 年—公元前 1954 年
伊丁–达干（Iddin-Dagan）
公元前 1953 年—公元前 1935 年
伊什美–达干（Ishme-Dagan）
公元前 1934 年—公元前 1924 年
里皮特–伊什塔（Lipit-Ishtar）
公元前 1923 年—公元前 1896 年
乌尔–尼努尔塔（Ur-Ninurta）
公元前 1895 年—公元前 1874 年
布尔–辛（Bur-Sin）
公元前 1873 年—公元前 1869 年
里皮特–恩利尔（Lipit-Enlil）
公元前 1868 年—公元前 1861 年
埃拉–伊米提（Erra-imitti）
公元前 1860 年—公元前 1837 年
恩利尔–巴尼（Enlil-bani）
公元前 1836 年—公元前 1834 年
赞比亚（Zambiya）
公元前 1833 年—公元前 1831 年
伊泰尔–皮沙（Iter-pisha）
公元前 1830 年—公元前 1828 年
乌尔–杜库伽马（Ur-dukuga）
公元前 1827 年—公元前 1817 年
辛–玛吉尔（Sin-magir）
公元前 1816 年—公元前 1794 年
达米克–伊利舒（Damiq-ilishu）

拉尔萨的君主

公元前 1932 年—公元前 1906 年
冈古努姆（Gungunum）
公元前 1905 年—公元前 1895 年
阿比–萨莱（Abi-sare）
公元前 1894 年—公元前 1866 年
苏姆埃尔（Samuuel）
公元前 1865 年—公元前 1850 年
努尔–阿达德（Nur-Adad）
公元前 1849 年—公元前 1843 年
辛–伊丁纳姆（Sin-iddinam）
公元前 1842 年—公元前 1841 年
辛–埃瑞巴姆（Sin-eribam）
公元前 1840 年—公元前 1836 年
辛–伊奇萨姆（Sin-iqisham）
公元前 1835 年—公元前 1834 年
西里–阿达德（Silli-Adad）
公元前 1834 年—公元前 1823 年
瓦拉德–辛（Warad-Sin）
公元前 1822 年—公元前 1763 年
瑞姆–辛一世（Rim-Sin Ier）

美索不达米亚的边界变化

埃兰人征服乌尔和阿摩利人的入侵，标志着美索不达米亚古巴比伦时期的开始。这一时期的特点是政治分裂严重。

阿摩利人的到来，致使在伊辛、拉尔萨、亚述、马里和巴比伦等几个主要城邦中诞生了数个王朝。公元前2千纪初，美索不达米亚南部城市之间权力纷争不断，在这种背景下，各王国内部也动荡不安。一个阿摩利人的部落酋长，沙姆什–阿达德一世（Shamshi-Adad Ier，前1833—前1776），先后攻占了亚述地区和马里王国，直到幼发拉底河河口。在下美索不达米亚、伊辛、拉尔萨和埃什努纳争夺霸权。最终，拉尔萨在瑞姆–辛一世的领导下打败了所有对手城市，统治了整个地区。汉谟拉比在位期间征服了伊辛和乌鲁克，随后攻克拉尔萨、埃什努那、马里、亚述和埃兰。他因此统一了整个美索不达米亚，确立了统治。

位国王里皮特–伊什塔（前 1934—前 1924）于公元前 2100 年左右编写了仅次于《乌尔纳姆法典》的人类第二古老的法律法典。

苏美尔人被来自美索不达米亚西部的阿摩利人驱逐，这个游牧部落的语言是闪族语西北部语支的阿摩利语。因为阿摩利人不太懂得书写，这种语言目前只残存了一些专有名词。在苏美尔城舒鲁帕克（Shuruppak）的一份公元前 25 世纪的文献中发现的一个专有名词证实了这一点。在接下来的一个世纪里，埃布拉文献中提到了他们的国王之一阿穆提的名字。最后，阿卡德王沙尔–卡利–沙瑞（公元前 22 世纪末）在位时，被阿摩利人击败。

阿卡德帝国经常招募阿摩利人在军队中充当雇佣军。乌尔第三王朝时阿摩利人在该地区的人数激增。专家推测可能发生了气候恶化，使得叙利亚北部的游牧民族故乡的草原干涸，以至于他们被迫东迁，从而养成了经常渡过幼发拉底河，在肥沃的美索不达米亚草原上放牧的习惯。阿摩利人的进犯造成了与先于他们在此建立的政权之间的冲突不断。埃兰对乌尔的征服为这些阿摩利人游牧民族进入美索不达米亚提供了良好时机。阿摩利人夺取了古城的控制权，并在那里建立了一支新的闪族王朝谱系。他们的首领很快接受了阿卡德国王的头衔“沙鲁姆”（sharrum）。

拉尔萨王表

公元前 2025 年至公元前 1763 年按年代排列的《拉尔萨王表》（现藏于巴黎卢浮宫博物馆）。

尽管阿摩利王国在政治上四分五裂，文化上却非常统一。这种凝聚力一方面因为他们有共同的民族血统，另一方面因为他们有接纳美索不达米亚文化的强烈意愿。他们甚至认为自己就是这个文化的继承人。因此阿卡德语成为美索不达米亚的通用语，而阿摩利语除保留了一些专有名词外不再使用。至于苏美尔语，则仅限学术研究领域，供一群文化精英所用。阿卡德语的使用，有利于各个城邦间通过大量书信文学发展外交关系。为数众多的经济交流离不开自由商人和代表国家的商人在整个美索不达米亚的往来流动。因此，使用统一的官方语言有助于他们达成使命。此外，通用语言还在宗教、文学、艺术和科学知识方面构建了共同的文化。

大大小小的阿摩利王朝就这样分布在这片广阔的土地上。下美索不达米亚最强大的两个王国是拉尔萨和巴比伦。上美索不达米亚则由埃什努纳、埃卡拉图姆（Ekallatum）和亚述统治。而在叙利亚地区，马里、埃布拉、卡特纳（Qatna）和亚姆哈德（Yamhad）繁荣发展。上述所有王朝都形成于古巴比伦时期（前2004—前1595）。

战败的拉尔萨

公元前2025年左右，阿摩利人纳普兰姆（Naplanum）建立的拉尔萨王朝，迅速成为伊辛王国的主要对手。拉尔萨成功遏制了伊辛的扩张。公元前1924年，拉尔萨第五任国王冈古努姆打败了伊辛王皮特-伊什塔尔，从而控制了美索不达米亚南部包括乌尔在内的大部分地区。乌尔是苏美尔最后的文化堡垒，也是通往波斯湾地区直到印度河谷海上贸易的门户。

在之后的几十年里，拉尔萨国王阿比萨雷和苏姆尔找到了一个令伊辛经济衰退的巧妙计策：他们将伊辛运河改道南下。河流的控制权对于城市的生存至关重要，也是王国间冲突不断的根源。辛-伊丁纳姆时期的一段铭文证实了这点。同时，这段铭文也证实，统治者以得到众神的恩准为由为自己辩护："遵照南纳和乌图的旨意，得到恩利尔和宁利尔的恩准，在吾神伊什库尔（Ishkur）的帮助下，凭借南纳和乌图之力，我成功地大规模开掘了乌图的丰饶之河——底格里斯河。我制定河流边界和河口的界标，合理而郑重地确定蓄水池的位置。”拉尔萨国王瑞姆-辛一世（前 1822—前 1763）给苏美尔人致命一击。在征服大部分苏美尔城市后，瑞姆-辛一世最终于公元前 1794 年左右彻底击败了伊辛王国。在接下来的 30 年里、汉谟拉比上台前，瑞姆-辛一世一直是苏美尔和阿卡德无可争辩的主人。

商业强国亚述

在被沙姆什-阿达德一世（前 1833—前 1776）攻占前，上美索不达米亚一直处于埃什努纳王纳拉姆-辛的统治下。在先后归顺乌尔和伊辛 3 年后，上美索不达米亚的重要城市宣布独立。位于美索不达米亚通往现在的伊朗的路线上，埃什努纳拥有重要的战略地位。贸易路线横穿伊朗高原直达境内，埃什努纳因此掌握了通往稀有产品产地伊朗的战略通道，这些稀有产品包括：马匹、青铜、锡和宝石等。

沙姆什-阿达德一世在北方建立的亚述王国，发挥了重要的宗教和商业作用，虽然它原本只是底格里斯河左岸的一个小定居点。公元前 3 千纪，亚述受苏美尔人统治，被阿卡德王纳拉姆-辛征服后，它成为阿马尔-辛统治下的乌尔第三王朝的一个省。有关亚述统治阶级的起源尚不明了。考古学家 19 世纪发现的王表记载于公元前 1 千纪，时间上有所推迟。王表记载了沙姆什-阿达德一世的祖先，那 17 位“住在帐篷中”的国王，以及乌尔第三王朝灭亡后，以阿卡德国王之名建立新王朝的 9 位继任者。他们统治着城市，但不使用从前的头衔“沙鲁姆”（sharrum，意即“国王”），而是使用“伊沙库姆”（ishiakkum，意为“总督”）的头衔。他们以太阳神阿舒尔（Assur）的名义行事，而阿舒尔被视作亚述唯一的神与国王。

历史学家通常认为亚述是一个伟大的军事强国，其强大的军队能够征服任何帝国。早在亚述时期，亚述居民主要从事商业活动并从中获得丰厚利润。亚述处于当时主要贸易路线的交会处，它将南边的美索不达米亚、北边的安纳托利亚半

滚筒印章：权力的象征

滚筒印章是采用硬石、玻璃、金属（包括黄金）、黑曜石或青金石制成的小物件。印章上刻有宗教和象征权力的图案，以滚动方式在柔软的泥板上盖章。滚筒印章的使用可以追溯到乌鲁克时期。

滚筒印章是典型的美索不达米亚器物，其影响遍及使用写有楔形文字的黏土板的地区。滚筒印章轴心有个纵向的圆孔，可作为吊坠佩戴。滚筒印章用于保护财产和确保交易安全。它可以用来表示某一物品作为商品的属性，认证法律文件，以及封印陶器、门、货箱等。然而，它的用途并不局限于这些功能，作为货真价实的珠宝，它经常被当作丧葬用品。使用滚筒印章可以把书面文字与神话或宗教场面相结合。右侧图：出自马里城的滚筒印章。年代在公元前3千纪至公元前2千纪间（现藏于巴黎卢浮宫博物馆）。

❶ **上方图案** 一些农业和养殖业活动，可用来识别财物拥有者。

❷ **下方图案** 英雄和神话人物的战斗场景。

❸ **文字** 文字通常很简洁，用来确认印章的用途及拥有者。

祭盘

这个来自阿尔萨的祭盘，其年代可以追溯到公元前 3 千纪初（现藏于巴黎卢浮宫博物馆）。

岛以及西边的伊朗和阿富汗的商队路线连接起来。传统的贵重物品也通过这些路线运输。当时的贵族主要采购两种重要自然资源：主要分布于安纳托利亚东部的铜和来自阿富汗中部的锡。通过这个贸易网，亚述人在美索不达米亚南部获得了制造织物所需的羊毛。他们把这些纺织品和阿富汗锡送到位于安纳托利亚的贸易据点卡鲁（Karu），随后再交换成白银和黄金，然后用于投资购买铜或作为直接利润保留下来。这种贸易随着领土的扩张而不断扩大，使亚述王国迅速致富。

❹ **日常场景** 有包括牛羊在内的家畜。

❺ **一对英雄** 两人都准备袭击一个神话人物，一头人面牛身兽。

❻ **人面牛身兽** 它象征具有威胁力量的恶神。

❼ **绵羊** 绵羊两次出现，把日常场景和英雄场景交织在一起。

❽ **狮鹫** 狮鹫也许是一种保护神，象征印章的魔力。

卡尼什的兴衰

在整个交易过程中，亚述人与安纳托利亚人民的关系起着至关重要的作用。在亚述人到来之前，安纳托利亚社会是由大量的城市和村落组成的。这些族群分布在整个领土上，规模各异，但组织严密，共同构成一个“玛图姆”（意为“国家”）。这个“国家”由身居皇宫被亚述人称为“亲王”或“大亲王”的政治权威统治。文献资料提到了四个可以被称为“国家”的实体：卡尼什（Kanish)、瓦舒沙纳（Wahshushana)、札尔

卡尼什商业殖民地的历史和考古宝藏

根据现有资料，位于卡尼什城的卡鲁姆是美索不达米亚已知最大的商业殖民地。安纳托利亚半岛上的所有其他亚述商业机构都依托于这个贸易点。公元前 20 世纪至公元前 18 世纪，下美索不达米亚的士兵和商人在此居住。此地与哈图沙什（Hattousa）的卡鲁姆是少数几个可以确认位置的据点。在今土耳其卡帕多西亚（Cappadoce）的灰山（Kültepe）镇附近，房屋的地基和街道的布局仍清晰可见。

卡鲁姆占据一座直径约500米的圆形山丘，由于它位于城市要塞之外，贸易商就无须支付进城费了。在整个20世纪下半叶，考古学家对围墙进行了挖掘，发现了四个考古学地层。这个发现提供了很多关于亚述人与当地商人之间的贸易信息：亚述人从美索不达米亚运来纺织品、香料、锡和奢侈品，主要用来交换当地的黄金白银。亚述商人有时还充当中间人，从他们边境以外的地方进口货物，比如伊朗高原。一场火灾后，遗址的第一层废墟遭到遗弃，这有助于发现大量具有重大考古价值的物品。数千块记录了法律条款和商业合同的泥板，让我们得以了解商业殖民地的运作情况。住房通常由一部分住宅区、一间商业办公室和一个仓库组成。此外，似乎还有一些寄宿处和小客栈。

彩绘陶瓶

这个狮子形状的瓶子来自卡尼什的卡鲁姆。液体自狮子背上的口进入容器，然后从鼻孔流出。瓶子可能用于礼拜仪式。公元前 20 世纪至公元前 19 世纪（现藏于巴黎卢浮宫博物馆）。

帕（Zalpa）和普鲁珊达。亚述人到来之前，普鲁珊达似乎已得到其他几个国家的认可并对它们实行统治。

亚述王埃里舒姆一世（Erishum Ier，前 1974—前 1935）在位时，亚述人发现商人们被有利可图的贸易活动吸引，留在安纳托利亚的时间越来越长。于是他们在当地建立了一种名为卡鲁姆（karum）的永久商业殖民地。每个商户的族长和长子留在这些机构中，家族的其他成员则留在亚述，等待来自商业殖民地的订单。卡鲁姆通常位于城外。起初它是一个居住区，久而久之，就成了主要由亚述人居住的商业殖民地，有特殊的法律和行政制度，并享有一定的行政自治权。

对于这第一阶段的商业殖民地，历史学家确认了大约 15 个卡鲁[3]和 10 个瓦巴尔图（wabartu），后者是一种从属于卡鲁姆的次要的机构。最重要的商业殖民地位于卡尼什，该城后来成为亚述人与安纳托利亚人的关系枢纽。由此可见，亚述人的贸易结构网非常复杂。位于交易网最上层的是首都亚述城，它通过商户家族控制所有交易活动。中间是位于卡尼什的卡鲁姆，受亚述直接管理。最下层的是受卡鲁姆管理的瓦巴尔图。

亚述和安纳托利亚之间的贸易关系持续了一个多世纪。然而，安纳托利亚中央政权的缺失，造成了长期的不稳定，不利于整个组织关系的平衡。因此，当安纳托利亚的城市开始加入竞争，道路变得比过去更危险时，亚述商人决定限制他们的行动。因此，反复的小规模冲突导致了战争，战火殃及卡尼什，导致该城于公元前 1835 年左右被彻底毁灭。

不久之后，亚述被埃什努纳王纳拉姆-辛征服。亚述与安纳托利亚的贸易关系就此结束。卡尼什被早期赫梯君主控制后，开启了第二阶段的商业殖民活动（前 1796—前 1735）。但是亚述商人已经失去了他们在安纳托利亚的势力范围。在美索不达米亚，埃卡拉图姆和巴比伦等城市的崛起，使权力轴心向南转移。中东地区曾经最完备、最成功的贸易网络就这样崩溃。

[3] 卡鲁（karu），即卡鲁姆（karum）的复数形式。——译者注

上美索不达米亚王国

沙姆什-阿达德一世（前1833—前1776）是阿摩利酋长伊拉-卡布卡布（Ila-kabkabu）之子，在其兄弟阿米努姆（Aminum）短暂掌权后他上台执政。沙姆什-阿达德一世最终统一了上美索不达米亚，创建了王国。

埃什努纳王纳拉姆-辛统治时期，沙姆什-阿达德离开了亚述附近的埃卡拉图姆，前往巴比伦。纳拉姆-辛死后，沙姆什-阿达德重返底格里斯河。以此地为起点，他从普祖尔-亚述（Puzur-Assur）王朝的末代国王艾瑞舒姆二世（Erishum Ⅱ）手中夺取了亚述。随后沙姆什-阿达德攻占了尼尼微城。他甚至一路攻打至雅赫顿-利姆（Yahdun-Lîm，前1810—前1794）统治下的强盛的马里王国。雅赫顿-利姆创建的阿摩利王朝，取代了由阿卡德帝国统治者后裔建立的王朝。他控制了幼发拉底河及其两条支流之间的地区，这两大支流分别是西边的拜利赫河（Balikh）和东边的哈布尔河（Khabur），它们流经现在的叙利亚。

沙姆什-阿达德还向其他亚述城市征税。在他最后一次征战之后，统治了南边以幼发拉底河为界，东到扎格罗斯山脉，西临托罗斯山脉的大片领土。他建立新的都城并将其命名为“舒巴特-恩利尔”（Shubat-Enlil），意为“神恩利尔的居所”。新都位于哈布尔河上游地区，便于控制幼发拉底河中游一带新征服的土地。新都的另一个重要的优势是，它与前王朝亚述毫无关联。

领土扩张带来的好处是恢复了与安纳托利亚的商业关系。由此上美索不达米亚王国可以轻易获得它所缺乏的资源。

沙姆什-阿达德对于势力范围意识敏锐。据他的传记记载，为了与阿卡德的伟大帝王媲美，他命人在黎巴嫩山竖立了一座石碑。随后他决定授予自己那些伟大国王的头衔：“全能的王”“世界四方之王”。在马里皇宫的档案室中还发现了他的书信，这是他行使权力的一种特殊见证。他在给小儿子雅斯马赫-阿杜（Yasmah-Addu）的信中写道：“汝父沙姆什-阿达德如是说：‘有雅伊拉姆（Ya′ilamum）之子在你身边，或许会有迟来的和平，但实际上跟雅伊拉姆永远不会有绝对的和平，所以我正在为征服他做准备。’”沙姆什-阿达德为了对统治下的领土实行更严格的

伊什塔尔女神

月神之女，太阳神沙马什的孪生姐妹，苏美尔人和巴比伦人称她为伊南娜，她曾是美索不达米亚万神殿中的主神。伊什塔尔掌管爱、性和战争，后者与美索不达米亚众王国息息相关。左侧：18 世纪巴比伦陶板浮雕（现藏于牛津埃什莫林博物馆）。

控制，决定将帝国的管理权分配给他的两个儿子。于是，他把埃卡拉图姆交给长子伊斯美-达干，把马里托付给次子雅斯马赫-阿杜。但他依然是唯一且伟大的国王，两个儿子只是各自领土的总督。沙姆什-阿达德的书信揭示了他与儿子们的关系，以及两个儿子彼此之间的关系。沙姆什-阿达德在信中表达了他的批评与偏爱："你的兄长（伊斯美-达干）攻克敌人，你却在女人堆里寻欢作乐。让我拭目以待，你何时才会带兵前往卡塔努姆？你要像个男子汉！以你的兄长为榜样，在你的国家建功立业！"

马里国王兹姆里-利姆的加冕仪式

在马里王宫的正殿里，一幅巨大而精美的壁画俯瞰着巨大的皇宫，壁画描绘了重振亚述王国的兹姆里-利姆王子的加冕仪式。

这是一幅大型作品（2.5米×1.8米），色彩浓烈，人物形象众多。众人出席一个官方仪式，其目的是通过神的祝福证明王权的合法性。在美索不达米亚动荡不安的历史时期，确实有必要重新确定这项权力。1933年，这幅壁画被发现于马里考古遗址，最近壁画被修复（现藏于巴黎卢浮宫博物馆）。

插图（左侧） 一位高官的头像，来自马里王宫另一幅壁画的碎片（现藏于大马士革国家博物馆）。

主要场景位于构图的中心。它由两部分画面构成。上方画面是两个最重要的人物：马里国王兹姆里-利姆（前1780—前1759）和伊什塔尔女神。

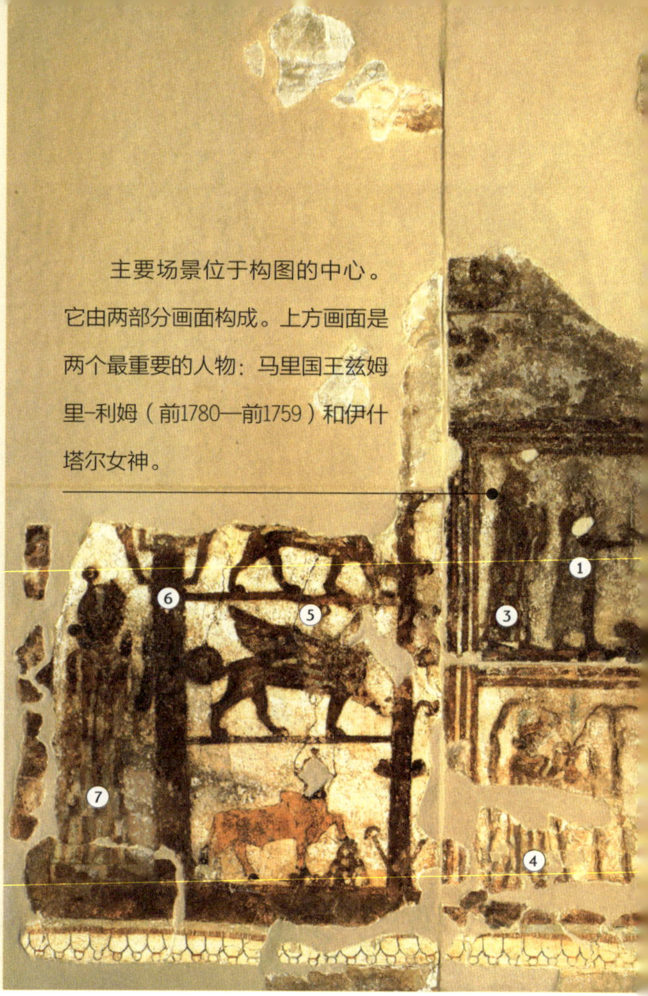

兹姆里-利姆与马里的崛起

公元前 1776 年，沙姆什-阿达德一世去世，他的帝国很快崩溃。他的两个儿子，也是继任者的边境屡次遭受侵略。南边的危险主要来自好战的半游牧民族阿摩利人，他们分散于现在的叙利亚土地上。西边的威胁主要来自埃什努纳。尽管如此，沙姆什-阿达德一世的长子伊斯美-达干依然在埃卡拉图姆的王位上维持了 40 年的统治（前 1775—前 1735）。但是埃什努纳最后的攻势让他的国土大为缩水，仅比首都略大。亚姆哈德王国也是威胁之一。前马里国王之子兹姆里-利姆几年前被沙姆什-阿达德一世击败后，在首都阿勒颇避难。他利用雅斯马赫-阿杜的弱

❶ **兹姆里-利姆** 兹姆里-利姆头戴圆顶帽，右臂伸向神灵。他的姿势表明，他即将被册封为马里阿摩利王朝的第五位君主。

❷ **伊什塔尔女神** 掌管爱、性和战争的女神伊什塔尔右脚踩在一头雄狮上。她右手正把象征权力与正义的权杖与指环交给兹姆里-利姆。

❸ **其他神灵** 在场众神是君主加冕仪式和职责的见证人，特别是维护自然与城市的和谐方面的职责。

❹ **两位女神** 位于画面下方的两位女神，保证丰富的水源以及幼发拉底河周期性涨水，她们从携带的水罐往外倒水。

❺ **四头带翼斯芬克司** 斯芬克司两两分布在主场景两侧，守护着花园。花园用两棵象征生命树的神木表现。

❻ **两棵椰枣树** 椰枣树是美索不达米亚绿洲的特征，象征宫廷的植被。采集椰枣者正向上攀爬。

❼ **第二对神** 在画面两端，椰枣树下，两个人物高举双臂以示崇拜，框住了整个画面。

点，将其逐出马里，重新夺回王位。

在伊斯美-达干及其继任者在位期间，埃卡拉图姆王国在其狭小的国境外几乎没有任何影响力。这有利于创建由阿摩利人领导的国家。在兹姆里-利姆的带领下，马里开始了一个蓬勃发展的阶段。它控制了从安纳托利亚和叙利亚到美索不达米亚的货物运输通道。奢华的马里宫殿完美地体现了当时的繁华。在占地 2.5 公顷，拥有 260 个房间的宏伟宫殿里，人们发现了精美的壁画。皇宫档案室中发现的 25000 多块泥板证实，这座宫殿是美索不达米亚宫殿建筑的典型，是马里王国的行政、经济和政治中心。

马里国王兹姆里-利姆的王宫

马里王宫是一座宏伟建筑，分几期建成。末代国王兹姆里-利姆是王宫最后一个使用者。他在位期间，马里城的艺术成就灿烂。但不久之后马里被巴比伦帝国征服，公元前1759年，宫殿被洗劫一空并被烧毁。马里宫殿包括大量的附属建筑：仓库、作坊、寺庙和一个图书馆。该宫殿曾集中了大量档案资料，考古学家在其废墟中找到了著名的泥板。这座宫殿其实是马里城内一座真正的城池，是一座被坚固城墙包围的堡垒，并且只有唯一一条通道。宫殿用土坯建成，外表朴素内里豪华，艺术品汗牛充栋。壁画被发现时虽然状况不佳，其水准仍属上乘。除了加冕仪式的壁画，正殿还出土了两块精美的宗教仪式碎片。右图：其中最重要的一块碎片。

粗陶模具

这个公元前2千纪的狮子浇筑模具也来自马里王宫（现藏于巴黎卢浮宫博物馆）。

❶**祭司** 两位祭司头戴圆顶帽，饰有勋章，身穿缀有饰带的长袍，正准备举行动物祭祀仪式。

❷**圣公牛** 宗教仪式中被选为献祭的家畜。牛角尖被黄金包裹，额头上画有半月形。

❸**国王** 国王走在队伍的前面。壁画只保留了他身体的下半部分。他的身形庞大，与在场其他人的身体不成比例。

❹**三重腰带** 饰有莲花形状的饰品。这是一种加冕仪式类壁画中国王很少佩戴的饰品。

❺**牛角** 画家没有遵循与加冕仪式圆形冠相同的透视规则。这一细节让我们怀疑这些壁画是否出自同一作者或同一时期。

❻**底座** 这部分壁画底座采用石膏制作，这与加冕仪式和观众席的底座不同，后者采用泥土制作。

宫殿布局

① 入口　这是通往宫殿的唯一通道。

② 主宫殿　占地面积1500平方米。

③ 伊什塔尔神庙　在古代亦被称为“绘画建筑”。

④ 库房　存放贵重物品的重要场所。

⑤ 圣堂　圣堂用于主要的宗教仪式。

⑥ 棕榈宫　非常豪华，以壁画做装饰。

⑦ 王座室　面积：300平方米。天花板高度：12米。

⑧ 仕女之家　几乎与主宫殿同样大。

⑨ 皇家厨房　烹饪区域考古学家们在此找到了一套蛋糕模具。

⑩ 国王卫队　国王召见仆从之地。

叙利亚王国

同样值得注意的是，亚姆哈德王国是该地区最强大的王国。它统治着地中海和幼发拉底河之间的广大领土，拥有乌加里特（Ougarit）、阿拉拉赫（Alalah）和著名的埃布拉等城市。而且，亚姆哈德王国在叙利亚只有一个对手，即奥龙特斯河畔的卡特纳王国，该国位于连接海岸与内陆的通道上。

公元前2240年左右，埃布拉被阿卡德王纳拉姆-辛摧毁，从此沉寂了近三个世纪。公元前2000年左右，埃布拉随着一个阿摩利新王朝的建立而复兴。大型公共建筑和考古发掘的丰富丧葬用品和文献资料一同证实，埃布拉已经融入了美索不达米亚的政治动态。埃布拉不但与当地的各个王国建立了联系，同时也与埃及第十三王朝的法老有所关联。

18世纪初，在美索不达米亚南部，一位国王的名号开始变得响亮——被称为“巴比伦王”的汉谟拉比，战胜当时所有的独立王国，建立了一个统一的美索不达米亚帝国。

巴比伦的扩张

巴比伦的起源可以追溯到伊辛与拉尔萨争夺霸权的时代。新一拨阿摩利人利用他们的冲突深入美索不达米亚。公元前1894年，他们中的一支在苏姆-阿布姆（Sumu-abum）的带领下，在一个名为巴比鲁（Babilu）的小镇定居。该词词源不明，阿卡德语将其翻译为巴布-伊利（bab ili），意为“众神之门”，苏美尔语称其为“卡丁吉拉”（Kadingira）。王朝第一任君主苏姆-阿布姆之后，四位继任国王统治了包括西帕尔、迪尔巴特（Dilbat）、马腊德（Marad）和基什在内的一小块领土。当时巴比伦只是一个规模很小的国家，他需要与那些已经建立起来，并且已经久经战火考验，同时拥有固定疆域的王国抗衡。在这样一个复杂的舞台中争得一席之地简直毫无可能。随着巴比伦第六任国王汉谟拉比（前1792—前1750）的上台，一切都发生了变化。他成功地击败了所有对手建立了帝国，为自乌玛的卢伽尔-扎格西和阿卡德的萨尔贡大帝之后陷入分裂的美索不达米亚重新带来政治上的统一。

汉谟拉比登基后的五年中致力于强化自己的权力，并组建了一支足以与邻国军队抗衡的军队。他领导的第一次军事行动是对抗巴比伦南部的拉尔萨王瑞姆-辛，从后者手中夺取了伊辛和乌鲁克。次年，他把精力集中在东部：渡过底格里斯河，在扎格罗斯山下降服了阿摩利部落中的亚穆特巴尔（Yamutbal）。两年后他攻下了马尔基姆城（Malgium）。最后，汉谟拉比于公元前 1783 年对幼发拉底河畔的城市拉皮库姆（Rapiqum）发动了进攻。短短 4 年的时间里，他把自己的疆域扩大到一个包括了从前属于苏美尔和阿卡德帝国的大部分地区。

现有资料显示，汉谟拉比在接下来的 20 年里没有任何军事行动。这段时间里汉谟拉比似乎致力于巩固他的新领土，在全国开展各项工程。这些工程既有公益性的，如开运河、建堤坝以遏制洪水泛滥；又有军事性的，如建造防御工事；还有宗教性质的，如为神明建造寺庙、雕像、祭坛和宝座。汉谟拉比与邻近的王国进行了一系列的结盟，特别是兹姆里-利姆统治下的马里、北方抵抗埃什努纳进攻的堡垒亚姆哈德王国，以及仍由瑞姆-辛统治的拉尔萨，但在失去大部分领土后，拉尔萨威胁性并不大。

因此，当时的政治气氛非常宽松，这点从在马里王宫发现的一封信里得到了证实。马里国

古巴比伦君主

公元前1894年—公元前1881年
苏姆-阿布姆（Sumu-Abum）

公元前1880年—公元前1845年
苏姆-拉埃尔（Sumu-Lael）

公元前1844年—公元前1831年
萨比乌姆（Sabium）

公元前1830年—公元前1813年
阿皮尔-辛（Apil-Sin）

公元前1812年—公元前1793年
辛-穆巴利特（Sin-Mouballit）

公元前1792年—公元前1750年
汉谟拉比（Hammourabi）

公元前1749年—公元前1712年
萨姆苏-伊鲁纳（Samsu-Iluna）

公元前1711年—公元前1684年
阿比-舒（Abi-eshuh）

公元前1683年—公元前1648年
阿米-迪塔纳（Ammi-ditana）

公元前1647年—公元前1626年
阿米-萨杜卡（Ammi-saduqa）

公元前1625年—公元前1595年
萨姆苏-迪塔纳（Samsu-ditana）

兽身人面公牛

这个 5 厘米长的木雕上布满了金箔，公牛的毛发采用皂石制作。该木雕来自埃布拉所谓的“G”王宫，公元前 2250 年左右（现藏于阿勒颇国家博物馆）。

王兹姆里-利姆在信中要求对当时的政治形势做一番分析："没有一个君主能够一国独大，10 到 15 个国王追随巴比伦王汉谟拉比，几乎同样数量的国王追随拉尔萨王瑞姆-辛、埃什努纳王伊巴勒-皮-埃勒二世（Ibal-pi-el Ⅱ）、卡特纳王阿姆特-皮-埃勒，还有 20 位国王则信任亚姆哈德王力姆-林（Yarim-lin）。"兹姆里-利姆本人也意识到，他的主要优势不在军事而在外交，因此他一上台就与邻国亚姆哈德、巴比伦和拉尔萨缔结了同盟。

但是这些举措仍不足以压制由沙姆什-阿达德一世之子伊斯美-达干统治的埃卡拉图姆，及其强大对手埃什努纳王伊巴勒-皮-埃勒二世。后者为占有美索不达米亚北部，曾与其盟友埃兰共同发动一系列的战役。公元前 1763 年，埃什努纳和埃兰与其他半游牧部落及马尔基姆城结成联盟。联军的目标是征服整个美索不达米亚南部。马里试图与巴比伦结盟，因为后者同样受到北方侵略者的威胁。汉谟拉比和兹姆里-利姆在外交、情报互通和相互支持的基础上，发展起异常紧密的关系，足以让他们击败共同的敌人。次年，汉谟拉比趁势进攻瑞姆-辛，最终吞并了拉尔萨。

公元前 1762 年，当埃什努纳-埃兰联军再次发起进攻时，汉谟拉比不仅成功地击退了敌军，还向底格里斯河推进，直至苏巴尔图王国的边境，在今土耳其库尔德斯坦。他的胜利不可避免地引起了兹姆里-利姆的担忧，后者一直提防汉谟拉比王国的崛起。尽管当时具体情况无从得知，但是马里似乎与马尔基姆结盟，以遏制巴比伦令人不安的扩张。而这或许也是汉谟拉比终止与兹姆里-利姆的联盟的原因。公元前 1760 年，他进攻并打败了马里。

起初，汉谟拉比完好无损地保留了马里的城池和宫殿。但是两年后，马里爆发的一场叛乱让汉谟拉比大为震怒，他下令将马里彻底摧毁。这一事件结束了这座千年古城的历史，也标志着兹姆里-利姆王国的灭亡。

汉谟拉比的帝国

马里的灭亡导致王宫被烧毁，一如公元前 3 千纪的埃布拉。档案馆中的 25000 多块陶片都因火烤而硬化，这反而让它们得以保存下来。考古学家就是在宫殿内部

发现了这些保存完好的陶片。这套出色的陶片为了解当时的历史提供了基本线索。

巴比伦帝国在攻占马里城后继续扩张。汉谟拉比先后发动了两次战役，分别针对亚述（前 1757—前 1755）和埃什努纳（前 1755）。他就此控制了直至哈布尔河流域的北方领土。汉谟拉比用来夸耀这些胜利的文字并不十分具有说服力。“年号”（nom d’année）是美索不达米亚一项列举统治王朝的传统记载，年号中会记录君主在位时间及他在位时最重要的事件。研究人员在“年号”

祭祀花瓶

三对战士以拥抱的姿势来印证和平。右侧边缘，戴着角冠的人物是一位神灵。发现于埃布拉的玄武岩祭祀花瓶的一部分。公元前 22 世纪（现藏于阿勒颇国家博物馆）。

中发现一些事件的记载。其中一份清单中写道：

“这一年，我们的英雄国王汉谟拉比以马杜克之名取得胜利，凭借强大的军事力量，在底格里斯河畔击败了埃什努纳、苏巴尔图和古提的军队，并一路推进到苏巴尔图的土地上。”

帝国在政治上得到加强后，汉谟拉比就进行了一项使他名垂千古的事务：制定了古代最完整的“法律法典”，即《汉谟拉比法典》。这部长篇文本继承了古代苏美尔、乌尔纳姆和利皮特-伊什塔尔法典的内容。法典由三个传统部分组成：序言，阐述君权神授及君主的主要成就；法典正文，介绍国王制定的法律和做出的法律裁决，共 282 条；最后是结语，详述了遵守法律者将享受的权益，以及触犯法律者将遭受的诅咒。国王命人在帝国的主要城市分发了法律文本的副本，因此有了统一的法律。

叛乱时期

然而，汉谟拉比帝国的社会基础并不稳固。财富过度集中在贵族、商人和放贷人手中，他们中的有些家族趁机在当地实行与国王平行的权力。他们的富有与民众的普遍贫困形成鲜明对比，后者常常被债务压垮，这种情况在《汉谟拉比法典》中有大量描述。最严重的是，过度开发田地导致土地枯竭，粮食库存减少导致粮价上涨。

汉谟拉比死后，他的儿子萨姆苏-伊鲁纳（前 1749—前 1712）继承了一个庞大但失控的帝国。他不得不面对拉尔萨、埃什努纳、乌尔、乌鲁克、伊辛等城市的一系列叛乱，以及埃兰的进攻。萨姆苏-伊鲁纳上台五年后才终于重建了该地区的秩序。但和平并没有持续多久，因为伊辛重新获得了独立。随着南北方在政治和商业上的失利，巴比伦的领土不断缩水。

新一轮的进攻最终使帝国版图缩小到和汉谟拉比之前的时代相同。这次的入侵者是喀西特人（Kassites）。他们来自扎格罗斯山脉，通过几次入侵而侵入美索不达米亚平原，占领了幼发拉底河中游的哈纳城（Hana）。后来的巴比伦国王不得不面对不断恶化的内乱局面。

公元前 1595 年，萨姆苏–迪塔纳统治巴比伦时期，穆尔西里一世（Moursil Ier）带领赫梯人攻城，导致了巴比伦第一王朝的覆灭。

档案：《汉谟拉比法典》

公元前 1750 年左右，巴比伦国王命人在一块石碑上刻了一部近三百条的法律，用以惩处盗窃、通奸、殴打和杀人等罪行。

“如果一个人指控另一个人杀人，但未能提供有说服力的证据，那么指控者应被处死。”这是人类最古老的法律文本——《汉谟拉比法典》中所载的 282 条法律中的第一条。自 1901 年被发现以来，许多历史学家都对这块碑的真实目的提出了疑问：它究竟是一部真正应用于巴比伦国王臣民日常生活的法典，还是一个没有任何法律价值的宣传工具？从最早的翻译和公布开始，人们就理所当然地认为这部法典是汉谟拉比根据法律原则颁布的一部正式、完整而连贯的法律。但严格说来，使用“法典”一词并不合适，因为这部碑文并不包括公元前 18 世纪巴比伦实施的所有法律。此外，研究人员通过对法典条款的解读发现，它们甚至根本不具备普遍

《汉谟拉比法典石碑》 石碑的正面顶部，刻有呈站立姿势的汉谟拉比，以及坐在宝座上的司法神沙马什（现藏于巴黎卢浮宫博物馆）。

汉谟拉比之前的法律与法典

虽然《汉谟拉比法典》是目前美索不达米亚发现的最完整的法律，但它并不是最古老的。早在巴比伦人之前，苏美尔人已经开始编纂法律、起草法律文本。因此，最早的法律文本可以追溯到拉格什的乌鲁卡基那（Urukagina）在位时期。这是一份记录公元前 2350 年至公元前 2300 年一系列社会和司法改革的清单。第一套可以定性为“法典”的法律是在乌尔纳姆或其子舒尔吉统治下制定的。时间在公元前 2100 年至公元前 2050 年之间，它的结构与《汉谟拉比法典》一样，由序言、正文和结语三部分组成。伊辛君主里皮特-伊什塔（前 1934—前 1924）的法律文本也可视为“法典”。汉谟拉比显然对这些文本很熟悉，他在很大程度上借鉴了前者。

适用性，这些条款更像是具体事例，而非适用于所有人的普遍准则，有些条款甚至是互相矛盾的。

因此有必要参考当时的其他文献以便更好地理解《汉谟拉比法典》（以下简称《法典》），特别是君主本人的信件，他在信中提到了对于具体案例的决定。其中一封信中写道："汉谟拉比如是说：玛尼-努姆之子辛-安纳-达姆鲁-里帕里斯被敌人俘虏，从月神辛的神庙取六枚西克尔（sicle）银币（重约 86 克）交给商人把他赎回。"可见这段文字并非一般法律条文，而是根据神明授予君主颁布与实施法律的权力而做出的司法裁决。将这段摘录与《法典》第 32 条对比，可以看出《法典》第 32 条是针对同一案例的推论：只是法典删除了人名，只保留了国王的裁决。

上述仅是举例。但是假如所有这类信件都能流传到我们手中，那么，它们所记载的具体决定一定能让我们追溯到《法典》所有条文的源头。因此，与其说《法典》是一般法律体系，不如说它是国王发布的判决书的合集，即"国王判决"（dinat mesharim）。君主本人在结束语中明确表示："英明的国王汉谟拉比制定了法律。这是一套正义和虔诚的法律。"

值得注意的是，法典正文没有提到"法律"一词，而使用"国王裁定"（simdat shrarim）或"国王判决"（dinat mesharim）等术语。这并不是说不存在司法机构，而是当时的规范与我们现在的不同。不论在司法领域还是其他知识领域，巴比伦人都是在一个单一模式上运作，并未赋予其普遍价值。在"法律"一词缺失的情况下，阿卡德语中有两个词提及了君主裁定和判决时应遵循的秩序和原则：Kittu，意为"稳固"或"司法"，misharu，意为"公正"。巴比伦人将这两个词结合在短语 kittu u misharu 中，翻译为"真正的公平和稳固"。巴比伦的汉谟拉比王具备公正的形象，他因在这片土地上建立"公平"原则而被后世铭记。汉谟拉比在结语中还提到了用一尊命名为"公平的王"的雕像来代表自己。

上述信息可以让我们更好地了解他当初立碑的动机。对所有邻国取得了军事胜利 40 年后，也已通过数以千计的具体判决确立国内秩序，在他统治的末期，这位伟大的国王希望留下有关他最公正和中肯的裁决的全貌。他并没有期望把这些裁决

法律 构成《法典》的 282 条法律镌刻在一块两米多高的黑色玄武岩石碑两侧（现藏于巴黎卢浮宫博物馆）。

罪与罚：《汉谟拉比法典》，一部无情的法律

《汉谟拉比法典》的282条法律规定了最令美索不达米亚统治阶层担心的罪行。所判处的刑罚极其严厉，包括木桩刑、水刑、火刑，以及各种形式的肢体残害、奴役和重罚。

死刑

亚述人对敌人施以木桩刑 尼尼微城的辛那赫里布（Sennachérib）宫殿的浅浮雕。公元前8世纪（现藏于伦敦大英博物馆）。

通奸罪 “假如一个男人的妻子与另一个男人同寝被发现，这二人将被捆绑并扔到水里。”以及，“假如妻子的主人愿意宽恕他的妻子，那么国王（也）将宽恕他的奴仆。”

谋杀 “假如一个男人的妻子因为另一个男人的缘故，导致她的丈夫被杀，那么这个妻子将被处以木桩刑。”

因为无法离婚有时会把夫妻双方逼至极端！这是整部《法典》中最严厉的惩罚。

入室盗窃 “如果有人凿穿一栋房子（的墙壁），那么人们就可以在这个破洞前杀死他并把他的尸体示众。”在美索不达米亚，打破土墙实施入室盗窃非常容易。盗贼的尸体将被吊起来，让他死后也不得安息。

流放

被流放的商人带着财物前往别的地区 尼尼微城的亚述巴尼拔宫殿的浅浮雕。公元前7世纪（现藏于巴黎卢浮宫博物馆）。

诽谤罪 “假如一个人在没有证据的情况下……公开指责一个男人的妻子，他将在法官面前被施以鞭刑，并被剃掉一半（头发）。”

这等于把他贬为奴隶。

袭击长者 “假如一个自由人当众打了另一个比他年长的自由人耳光，他将被用牛筋抽打60下。”这种攻击方式在美索不达米亚极具侮辱性。法律规定，处罚必须公开进行。

冒犯父亲 “假如为人子者殴打父亲，他将被切断手腕。”另外一条法律规定，作为父亲可以剥夺冒犯自己的儿子的继承权。侮辱养父母的继子女将被割掉舌头或者剜掉一只眼睛。

奴役

被亚述宫廷贬为奴隶的囚犯 尼尼微城的亚述巴尼拔宫殿的浅浮雕。公元前7世纪（现藏于伦敦大英博物馆）。

乱伦 “假如一个男人（在父亲死后）与母亲同寝，则两人都要被烧死。”有些历史学家认为，此处的乱伦指的应该是儿子“在父亲死后”与母亲犯下的罪行。

高利贷 “假如一个商人把每1kur大麦的利息提高到超过100qa*，或者超过6个舍客勒（Šíqil）银币，……他将失去借出的所有财物。”法律对高利贷者非常严厉：放贷者不仅会失去利息，还会失去全部的借贷资本。

法官渎职 “如果一名法官对所审理案件做出了判决，并已交付密封文件，但（如果）他后来改变判决，则该法官应被认定为改变了他所作出的判决，并应交付该判决所产生的12倍的罚金。”

* 库尔（kur）与卡（qa）都是古巴比伦容量单位，1kur = 100 qa。——译者注

当作规范性法律来实施。他更希望把它们作为王权执法的典范和指导。

该《法典》旨在为所有君主履行其两项主要职能，即司法和确保公平方面树立完美行为榜样。国王以他个人的名义完成了沙马什的旨意。神照亮了他选中之人的道路，神选之人指引他的人民。

《法典》的结构

碑文用阿卡德语和楔形文字镌刻在一块高 2.25 米的大型玄武岩碑上。碑文共 52 列：正面 24 列，背面 28 列，共 3600 行。《法典》分为三大部分：首先是由君主汉谟拉比亲自撰写的序言，他在序言中评述了他当选国王的经过，也回顾了他的光辉生涯；第二部分是《法典》正文，共 282 条法律；最后是结语，他在结语中总结了制定新《法典》的目的，以及所有敢于藐视《法典》的人可能遭受的诅咒。

位于亚拉卡（ALACA HÖYÜK）
庄严的斯芬克司

他守卫着赫梯城的门户。公元前14 世纪。

插图（右侧） 赫梯青铜旗帜，公元前3千纪（现藏于安卡拉安纳托利亚文明博物馆）。

赫梯帝国和米坦尼王国

安纳托利亚不仅以其丰富的自然资源著称，这个广阔半岛的山地中心，也是赫梯帝国和米坦尼王国的发源地。这两个强大的政治大国击败了亚述和巴比伦，与伟大的埃及法老王图特摩斯三世和拉美西斯二世分庭抗礼。

今天的安纳托利亚相当于现在土耳其的东部地区。历史上，它包括了今天叙利亚和伊拉克北部的地带。这片辽阔的区域，见证了千百年来各种文明的发展。史前人占据了南加泰土丘（Çatal Höyük）周围的地区。在中央高原的中心地带，赫梯人和米坦尼人集中在东部。希腊村落散布在爱琴海沿岸。安纳托利亚半岛的特殊地形造成了所有这些文明的极端多样性。高大辽阔的中央高原被群山合抱：北边是本廷山脉，南边是托罗斯山脉和前托罗斯山脉，东边是亚美尼亚山脉，包括著名的亚拉腊山。在半岛西部和南部，沿爱琴海和地中海有一条狭长的陆地。

赫梯古古王国君主

公元前1650年左右

拉巴尔纳（Labarna） 赫梯古古王国的神秘创立者。

公元前1650年—公元前1620年

哈图西里一世（Hattousil Ⅰer） 他把王国迁都到哈图沙什（Hattousa）。

公元前1620年—公元前1590年

穆尔西里一世（Moursil Ⅰer） 战胜了阿勒颇城的胡里安人。

公元前1590年—公元前1560年

汉提里一世（Hantili Ⅰer） 他继续前人的军事扩张。

公元前1560年—公元前1550年

齐丹塔一世（Zidanta Ⅰer） 他被自己的儿子也是继任者刺杀。

公元前1550年—公元前1530年

阿穆纳（Ammuna） 在位期间他面临几个城市的叛乱。

公元前1530年—公元前1525年

胡齐亚一世（Huzziya Ⅰer） 被他的姐夫也是后来的继任者废黜。

公元前1525年—公元前1500年

铁列平（Telebinu） 他制定了王位继承法。

公元前1500年—公元前1450年

塔胡尔瓦伊里（Tahurwaili）、阿鲁瓦马（Alluwamma）、汉提里二世（Hantili Ⅱ）、齐丹塔二世（Zidanta Ⅱ）、胡齐亚二世（Huzziya Ⅱ）、穆瓦塔利一世（Mouwatalli Ⅰer）

亚拉卡的考古宝藏

亚拉卡（Alaca Höyük）位于距哈图沙什25公里处，是赫梯人最早的都城。从新石器时代开始就有人居住，直到公元前14世纪仍是帝国的重要城市。这里也是拥有巨额财富的王公们的陵墓所在地。

城内有防御工事保护，其中的一座城门，即斯芬克司之门保存了下来。现在还能看到上面神话动物的深浮雕。建于公元前3千纪的13座古墓是亚拉卡最重要的考古发现。似乎一切都表明这是王室和祭司的陵墓。根据发掘的结果，这些长方形的坑里有丰富的陪葬品，包括珠宝和其他物品，其中一些是由金、银、琥珀制成的，还有祭祀用的动物和旗帜，可能用于葬礼游行。在东墙附近，一座巨大的建筑让人们不禁提出一个疑问：这究竟是宫殿还是庙宇？

插图（右侧） 斯芬克司门的浅浮雕，画面是一名吞剑者和两名杂技演员在全力演练（现藏于安卡拉安纳托利亚文明博物馆）。

这种地理结构造成了大片陆地被孤立，却也是文化不受时间变化影响独立演变的要素。毫无疑问，这里也蕴含着巨大的财富。事实上，安纳托利亚的山区的确盛产自然资源：建造用的木材；铜、银及后来的铁等金属；黑曜石、玄武岩等硬石。地方势力把资源全部积累起来，出售给叙利亚和美索不达米亚的主要王国，甚至出售给埃及、塞浦路斯（Chypre）或爱琴海的贵族。这些资源就

在中东地区流通开来。此类贸易利用天然通道，以及底格里斯河、幼发拉底河和克孜勒河（KizilIrmak）的水域，都是古代伟大的交通路线。其中，克孜勒河被赫梯人称为马拉桑提亚河（Marassantiya)，古希腊时称之为哈里斯河（Halys）。顺理成章的，这些丰富的自然资源被所有的地方王国所觊觎，也吸引了所有的中东强国。对道路和资源入口的控制在该地区造成大量冲突。

金杯

这只金杯的杯柄呈螺旋状，来自亚拉卡王室墓葬。日期可追溯到公元前2200年至公元前2000年（现藏于安卡拉安纳托利亚文明博物馆）。

赫梯众神云集的万神殿

在赫梯文化中，宗教建立在多神崇拜的基础上。大多数神灵来自赫梯神话，但也有一部分来自邻国文化，特别是胡里安人的文化。万神殿充斥着征服领地的气势。这就是为什么赫梯宗教被称为“千神之教”。

赫梯众神都以人类的形象代表自然元素：太阳、水、气候现象、山脉——国王被认为是神选定之人，必须在神灵和人民之间扮演重要的中间人角色。为了获得神的保护，赫梯国王要保证宗教仪式的纯洁性和合规性，因此他们成为健康和共同繁荣的保障者。赫梯众神中最重要的是借用自胡里安神殿的天空和风暴之神泰舒卜（Teshub）。他的属性动物是一头牛。他是一个全副武装、戴着头盔的战士。他的妻子太阳女神阿丽娜（Arinna），威望也不低。阿瑟杜斯（Aserdus）是生育女神，她的丈夫埃尔库尼撒（Elkunirsa）是宇宙的创造神。绍斯加（Sausga）等同于苏美尔的爱与战争女神伊南娜，阿卡德人称她为伊什塔尔。

插图（左侧） 头戴赫梯众神日常角冠的金制神像。公元前14世纪至公元前12世纪（现藏于伦敦大英博物馆）。

赫梯人的起源

公元前 2700 年至公元前 2000 年，安纳托利亚半岛上居住着少量土著居民，通常他们只占据一小块区域。在高原中部和东部形成一些小王国：亚拉加、哈图什（Hattush，即后来的哈图沙什）、阿利萨（Alisar）、扎勒帕和卡尼什。十几个小国共同结盟，成功地阻止了阿卡德王纳拉姆-辛（前 2260—前 2223）的扩张。这说明了他们是有组织的政治实体。该地区被称为“哈提国”（Hatti），居民被称为

哈提人（Hattiens）。

公元前 3 千纪末期，一个新的人种——印欧人进入了安纳托利亚半岛。后者起源于东南欧的大草原，受不为人知的原因（很可能是气候或人口方面的原因）驱使，向中东迁移。在那里他们遇到了两个先他们到来的民族：苏美尔人与闪族人。

印欧人来到安纳托利亚后当地尚未形成一个统一的族群，只是因语言和文化类似而聚集在一起的家族或部落，并不涉及政体和行政关系。第一批外

哈图沙什，赫梯的伟大城市

赫梯古王国的首都位于崎岖不平的土地上，面积为 1.7 平方公里，由一道近 6 公里长的双层围墙保护。其防御优势在于确保了对穿越小亚细亚的道路的控制。王宫位于地势最高处，内部的防御工事将其与宫殿其他部分分隔开。

插图 哈图沙什神庙遗址，供奉着泰舒卜和阿丽娜神。

赫梯首都不朽的狮子门

狮子门提供了从西面进入哈图沙什的通道。这些凶猛的动物保护着赫梯的首都，防止那些对城市、国王或居民怀有恶意的人进入。它们被雕刻在支撑着抛物线状拱门的柱子上。

这张老照片中正注视着狮子门的女士很有可能是伊莎贝尔·F.多德（Isabel F. Dodd）。她是君士坦丁堡美国艺术与建筑女子学院教授，1910年在《国家地理学会》杂志发表了一篇题为《古都》（*Une capitale ancienne*）的报道，讲述了哈图沙什遗迹的发现过程。她在文中介绍了用楔形文字书写的石板这一重要档案的发现，强调了这座城市的巨大建筑所体现的高度文明。

来移民卢维人（Louvites）于公元前2200年左右抵达。他们强行进入村子和小村庄，后来终于在西部定居。两个世纪以后，奈希特人（Nésites）和巴拉伊特人（Palaïtes）以更加和平的方式进入安纳托利亚。前者在安纳托利亚东部与中部同哈提人混居，成为历史上的赫梯人。至于巴拉伊特人则定居在更东边的锡瓦斯（Sivas）地区。800年后发生了第二次移民潮，从而诞生了米底人（Mèdes）和波斯人。

虽然印欧人在抵达安纳托利亚时不会书写，但他们还是在短时间内采用了叙利亚地区使用的楔形文字系统，

当然，是应用到他们自己的语言体系中。这一点从赫梯帝国各个城市发现的泥板得到证实。在首都哈图沙什，考古学家发现了用不少于八种不同语言书写的文字：赫梯语、哈提语、卢维语、帕莱塔语、胡里安语、米坦尼语、阿卡德语和苏美尔语。上述所有语言都遵循楔形文字系统，除了卢维语的一种方言——可能受到埃及的影响，它采用一种新的象形文字系统书写，不过这些象形文字的使用仅限于一些纪念性碑文。

这些族群很快就受到古亚述国王的商业和文化迅速扩张的影响，后者在安纳托利亚东南部建立了几个特别繁荣

象牙雕像

这是一个年轻的赫梯少女的象牙雕像，或许做装饰用。公元前 14 世纪至公元前 13 世纪（现藏于伦敦大英博物馆）。

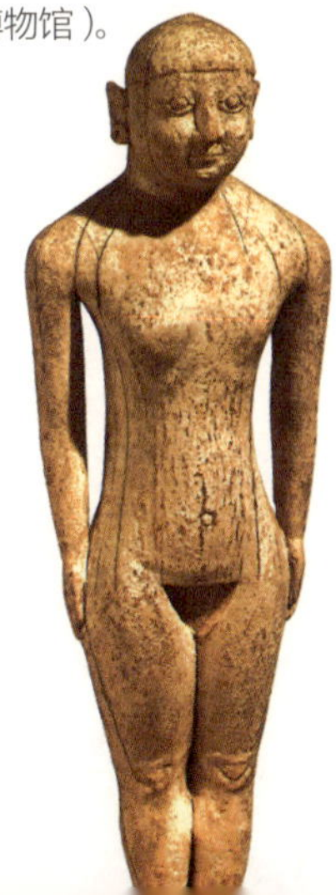

的商业殖民地。其中，被赫梯人称为“奈沙”（Nesa）的卡尼什殖民地，具有相当大的影响力。不出所料，安纳托利亚各王国竞相争夺繁荣的贸易路线的控制权。库萨拉城的国王皮坦纳（Pithana）和他的儿子阿尼塔（Anitta）击败了奈沙-卡尼什，并征服了安纳托利亚高原中部的大部分地区：一直到本廷山地（Pontique）的哈里斯河的北部河谷，以及普鲁珊达在内的该条河流的整个南部地区。哈图沙什是对库萨拉王朝称臣的城市之一。一段文字回顾了阿尼塔王对该城的征服：“我将在此播下种子，在我之后任何国王想重建哈图沙什，必将被风暴之神击垮。”得胜的国王在奈沙-卡尼什建立了安纳托利亚半岛第一个统一帝国的首都。

库萨拉王朝建立的帝国并没有持续多久。安纳托利亚各城市间的内斗消耗了帝国的力量，外部还有来自北部山区的加斯加人（Gasgas）以及南部的胡里安人的威胁。帝国与亚述的贸易交易终结了。但这个短命的王朝却传播了统一安纳托利亚中心、建立单一政权的思想。这一思想与我们称之为“古古王国”的第一个赫梯王国一起发展。

赫梯古古王国

该王国的起源可追溯到公元前 1650 年左右。后来，一份《铁列平敕令》（*L'Édit de Telebinu*）的资料向我们揭示了这一点。这份法令以公元前 1525 年至公元前 1500 年在位的君主铁列平之名命名。根据敕令的序言，赫梯古古王国的创始人是某个名叫拉巴尔纳的人。他击溃了所有的敌人，成功在沿海地区确立了自己的领土边界。“拉巴尔纳是昔日一位伟大的王。他的国家原本很小。但是他领导的战役令所有敌人都臣服于他。他继续劫掠土地，剥夺对手的权力，并把他们驱赶到海边。”

赫梯王国的这个起源说或许神话成分多于真实成分，因为我们没有看到其他文字提到这个想象的王。拉巴尔纳的名字成为指代历代赫梯统治者的通用名。这一选择表明赫梯统治者希望从其他被称为“国王”的地方统治势力中脱颖而出。但正如古罗马皇帝所采用的“恺撒”称号，并不会使人怀疑恺撒大帝的存在，赫梯统治者的称号“拉巴尔纳”也并不意味着拉巴尔纳只是一个传说。新的考古发现或许可以解决这个问题。

《铁列平敕令》：一个重要的监管工具

为攫取权力而进行的宫廷阴谋和刺杀严重影响了赫梯古古王国最后几十年的历史。铁列平（前 1525—前 1500）是赫梯古古王国的伟大君主之一，为了保证国家的延续，他希望制定一套有关王位继承的法律。鉴于此，他颁布了一部被后世称为《铁列平敕令》(*L'Édit de Telebinu*) 的法令。

现在发现的《铁列平敕令》为赫梯文和阿卡德文双语版本。它是研究铁列平之前的赫梯历史的重要资料。《铁列平敕令》丰富地记载了铁列平之前的统治者们所犯下的错误，并对他们进行了严厉的批评。此外，《铁列平敕令》还限制了国王的权力，规定国王不仅要向神灵汇报，还要对由宫廷高级军事首领和贵族组成的议会负责。上图：使用赫梯象形文字书写的碑文，提到了国王铁列平和苏庇路里乌玛（Souppiloulioumа）之名（现藏于阿勒颇考古学博物馆）。

但无论如何，当时确实有一位君主，文献中称之为“伟大的王”，他将领土向东扩张到了安纳托利亚东部的大部分地区，向南到达了地中海，向西一直到科尼亚（Konya）平原。这个王国似乎以库萨拉为首都。

《铁列平敕令》说，拉巴尔纳任命他的一个儿子为萨纳惠塔地区（Sanahuitta，哈图沙什以北）的总督，但人民反叛并废黜了他。接着，文献提到新一任“伟大的王拉巴尔纳，哈提之子，库萨拉的王”，即哈图西里一世（前1650—前1620）的登基。这一头衔表明这位君主的统治始于库萨拉。不过，他并没有将自己的未来与这座城市捆绑在一起：他作为统治者的第一件事就是将首都迁到更北边的哈图沙什古城。这是他名字的由来，因为“哈图西里”的意思是“来自哈图沙什的男人”。

哈提[4]的第一次扩张

公元前3千纪末，当地统治者在山丘上建造一座防御工事，哈图沙什作为政治中心的历史也因此展开。下城一直延伸到位于西北方的一片土丘。这里地处山区，水源充足，周围有大片适合农业和放牧的田地和高地草场，是建立未来赫梯王国首都的理想之地。在被亚述商业殖民时期，哈图沙什经历了第一次全盛时期，直至公元前18世纪末城市被阿尼塔彻底摧毁。哈图西里一世下令重建该城，并以哈图沙什作为帝国的首都，这一地位在帝国大部分时期得以延续。

哈图沙什之所以能取代库萨拉成为帝国的首都，很可能因为后者能为安纳托利亚中部提供最好的保护，在战事频仍、政治不稳定的时代，这一考虑十分必要。然而，哈图沙什也存在战略上的弱点：它离北部边境太近，不具备库萨拉中央位置的优势，无法更好地统治整个领土。

确立新首都后，哈图西里一世就在包括萨纳惠塔和扎尔帕在内的北部叛乱地区发动了一系列的战役，想要以此展现赫梯新政权的强大。哈图西里一世确保了后方的安全，然后决定控制从美索不达米亚，经叙利亚北部到安纳托利亚的锡贸易路线。为此，他必须拿下阿拉拉赫、乌尔苏、卡尔凯美什（Karkemish）、埃布拉和图尼普

[4] 照前文所述，奈希特人进入安纳托利亚后与当地的哈提土著混居，形成了后来的赫梯人，此处哈提指的应为后来的赫梯。后文所有提到“哈提”的地方与此同，都是指“赫梯”。——译者注

太阳神阿丽娜

以青铜吊坠的形式展示的赫梯万神殿的主神，太阳神阿丽娜。公元前 15 世纪至公元前 13 世纪（纽约舒密尔藏品）。

（Tunip）等城市，其中许多城市都在阿摩利大王国亚姆哈德的统治之下。随后他向东推进，对阿尔萨瓦（Arzawa）王国实施了几次突袭。定居在上美索不达米亚和叙利亚北部的胡里安人乘虚而入。趁哈图西里一世及其军队不在，胡里安人对赫梯发起了猛烈的攻击。随后，所有新近征服的城市发动了起义。这场冲突使得赫梯王国的版图缩小到几乎只剩首都。但是哈图西里一世并不以为意。他从哈图沙什开始，发动了一系列收复失地运动，驱逐了胡里安人并收复了大部分领土。根据讲述哈图西里一世一些战役的著作《编年史》（*Annales*）记载，如果没有哈提众神，特别是君主奉为保护神的太阳女神阿丽娜的宝贵帮助，哈图西里一世是不可能完成这样的功绩的。赫梯的国王们相信，他们的权力是神授予的，而他们自己只是神在人间的代表。

收复失地后哈图西里一世实力大增，他重新向叙利亚北部城市进军，从而成为第一个渡过幼发拉底河的赫梯国王。他遵循赫梯君主的一个原则，根据该原则，每个国王的职责是进行所有必要的军事行动，以追赶甚至超越他的前任所取得胜利的次数。《编年史》证实了哈图西里一世的这一成就。他将自己与 7 个世纪前渡过这一具有象征意义河流的阿卡德大帝相提并论。经过在叙利亚土地上的第二次战役，哈图西里一世统治了安纳托利亚东部一半的领土，并到达美索不达米亚的西部边境。他的足迹远远超出了幼发拉底河流域。

取得军事上的成功后，就需要解决王位继承问题。这个问题在赫梯历史早期曾引起过纷争。国王之子、贵族与军事首领之间的冲突往往以流血战争结束。只有良好的社会地位，加上合适的人脉，以及一定程度的腐败，才能打开通往王位的道路。

穆尔西里一世洗劫巴比伦

哈图西里一世的继承人挑选也不例外，他的《遗嘱》（*Testament*）是这一时期赫梯历史上的另一个主要文献，清楚地证实了这一过程。为了更好地控制自己庞大的帝国，他任命自己的儿子们担任各省的总督。但是他们很快就反叛了他，于是哈图西里一世决定任命侄子为接班人。但是侄子也因不忠诚而被废黜，关于这点有如下记载：“他没有听从国王，而是听从他毒蛇一般的母亲。他的兄弟姐妹不断对他灌输恶毒的话语，他也对此做出回应。他丝毫没有尊重国王。他又能向国王要求什么呢？”后来，哈图西里一世定居在旧都库萨拉，病榻上的他在临终前召集了最忠诚和最具影响力的赫梯贵族和军事首领们参加盘库会议（panku），向他们下达了他最终的决定：任命他的孙子穆尔西里（Moursil）为继承人。君主的《遗嘱》规定：“穆尔西里已成为我的儿子。你们要承认他并让他登基。”会议尊重君主的决定，由于新的王位继承人年幼，会议成员担负起教导新国王的重任。

公元前 1620 年，穆尔西里一世加冕成为新一任赫梯国王。他在位的前半段时间致力于保护他祖父的领土。但他并没有停止经由叙利亚向美索不达米亚扩张的脚步。为了实现这一目标，他必须首先终结在哈图西里一世屡次进攻下依然完好无损的强大王国亚姆哈德。《铁列平敕令》仅用一个简短的句子讲述了攻占亚姆哈德首都阿勒颇的事迹：“他（穆尔西里一世）打败并摧毁了阿勒颇，把当地的囚犯和财富带到了哈图沙什。”但是这场征服非常重要，因为整个亚姆哈德王国从此落入赫梯的统治下。

通往美索不达米亚的道路畅通了，现在就只剩实现作为赫梯君主应该实现的最光荣的功绩。对此，《铁列平敕令》只做了简单的描述：“他（穆尔西里一世）随后向巴比伦进军并摧毁了该城。”该事件发生在公元前 1595 年。简单的记载远不足以体现该事件的历史重要性。事实上，巴比伦在其最后一位国王萨姆苏-迪塔纳的统治下日渐衰落，无法抵御地区新兴势力的扩张。这个城市无奈地见证了历史上第一个黄金时代戏剧般的结束和巴比伦第一王朝的覆灭。但是，尽管在军事上取得了胜利，穆尔西里一世并不具备统治如此广阔领土所需要的基础设施和资源。因此他在洗劫巴比伦后就回到了哈图沙什。但是这位得胜的君主却没能享受到他的成果。返回赫梯不久，穆尔西里一世就被其姐夫汉提里一世（前 1590—前 1560）刺杀，随即后者登上王位。

赫梯人：战士和狩猎的民族

与敌人对阵时，赫梯人的优势在于使用战车，他们战车的数量曾超过 3000 辆。每辆战车配有 3 个士兵：一个驾驶员，两名战士。

插图（左侧） 一个金盘的细节图，表现的是打猎的场景。这表明战车也可以用于狩猎。发现于乌加里特，公元前 14 世纪至公元前 13 世纪（现藏于巴黎卢浮宫博物馆）。

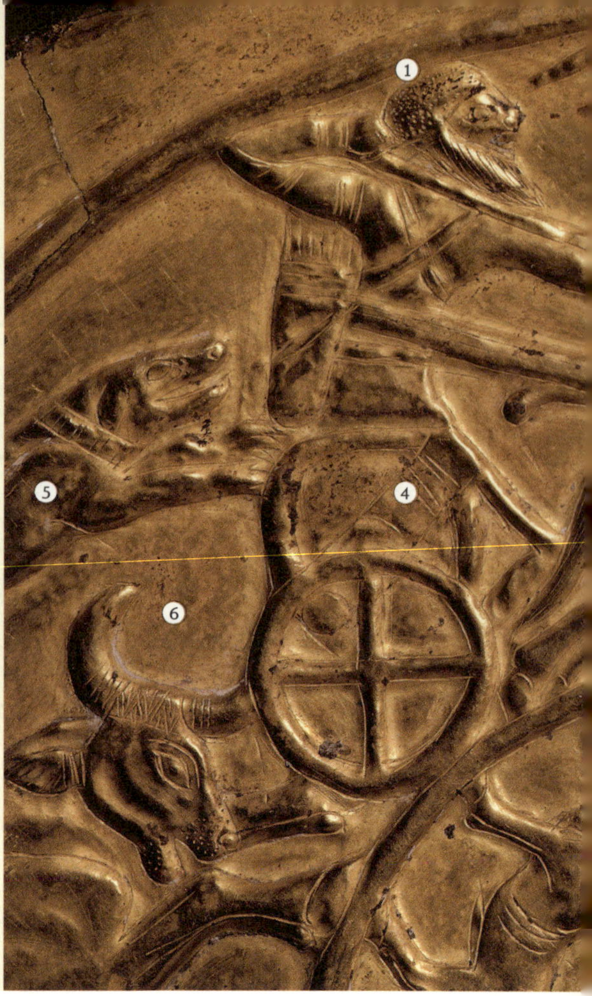

监管者铁列平

接下来的 70 余年充斥着为争夺王位继承权展开的斗争。为了王位，国王的子嗣或者家族其他成员毫不犹豫地对其痛下杀手。《铁列平敕令》表达了众神对这种行为的强烈不满。他们因此对赫梯人降下许多恶果。外敌入侵，特别是来自胡里安–米坦尼王国的胡里安人和加斯加人的攻击，都是众神对这些恶行的惩罚。在这段灾难的时期过后，赫梯王国的边界几乎回到它最初的轮廓。

公元前 1525 年，这位颁布《铁列平敕令》的铁列平国王上台。他登基后就立刻着手恢复赫梯王国的稳定。他明白，

❶ **国王** 作为狩猎场景的主角，具有很高的象征意义，可能是某位乌加里特国王。
❷ **武器** 它们通常见于战争和狩猎场景。在这个画面中，猎人使用了战车上最常用的弓箭、长矛和各种形状的剑。
❸ **缰绳** 猎人把缰绳绑在腰间，体现了埃及人在战争战车和狩猎战车驾驶技术方面的实力。
❹ **战车** 这是一辆典型的狩猎用战车：轻型驾驶间，四辐小轮。战车由两匹马牵引，正在追赶猎物——狮子。
❺ **混乱的势力** 整个场景极富象征意义：面对着由狮子代表的混乱势力，代表拥有平定乱世力量的国王必将取得胜利。
❻ **公牛与狮子** 在美索不达米亚世界，狮子和公牛被看作自然界最强大的力量，也是混乱的起源。国王通过击败它们宣称自己成为自然界的主人和主宰。
❼ **百年图鉴** 这种图标在埃及法老艺术中经常出现，乌鲁克时期狮子界碑上也出现过。公元前8世纪的亚述浮雕中还会再次用到它。

要想成功，首先要防止王位继承可能引发的危机。因此他制定了一项规范王位继承的法律。君主自由选择继承人的权利被取消。按照新的权力传承模式，王位将自动归于君主与正妃所生之子。假如正妃没有儿子，那么继承权将归属君主与次妃所生之子。假如次妃依然只生了女儿，则王位归属君主与正妃所生之女的丈夫。《铁列平敕令》通过这些简单的法律条文，把王位继承权限定在王室，从而排除了其他贵族。与此同时，赫梯贵族组成的盘库会议成为监督新法规实行的司法机构，被赋予强有力的权力，假如国王胆敢谋杀自己的家人，则盘库会议有权将国王本人判处死刑。

通过这次改革，铁列平强化了王国的内部结构。随后他决定收复前几任国王统治时期失去的领土。他在这项事业上取得了一定的成功。他确实成功统治了安纳托利亚中部高原的领土，并攻打到地中海和幼发拉底河。但是，西南部的基祖瓦特纳（Kizzuwatna）仍然保持独立，北部的叙利亚仍在胡里安人手中，加斯加人一直反复入侵北部边境。

铁列平死后，《铁列平敕令》继续实施了一段时间。但是旧习惯很快死灰复燃。古古王国最后一个世纪，家族暗杀和宫廷阴谋再次变得司空见惯。这种乱象给整个国家带来灾难。古古王国最后一位国王穆瓦塔利一世的事例很好地体现了这一点：公元前 15 世纪末，他刺杀了前任国王后上台，但这位篡位者很快也死于两名贵族之手。

谋反者推出了一名候选人，他就是图塔利亚一世（Tudhaliya Ⅰ^{er}，前 1430—前 1400）。这位君主将开创赫梯历史上最辉煌的时期，也就是新王国，或者说真正的赫梯帝国。

公元前 2 千纪上半叶，当印欧人在安纳托利亚建立第一个赫梯王国时，胡里安人在叙利亚和上美索不达米亚一带建立了米坦尼王国，并很快成为哈提人的对手。

胡里安人的崛起

“胡里安人”一词指的是一群具有共同文化的民族。他们讲一种高加索语，这种语言既不属于苏美尔语，也不属于闪族语或者印欧语系。胡里安人被认为起源于亚美尼亚以及包括托罗斯山脉和扎格罗斯山麓一带的地区。从阿卡德帝国时期到整个新苏美尔时期，胡里安人定居在土耳其东南部、伊拉克北部和伊朗西北部。从公元前 1850 年开始，他们也出现在叙利亚北部和整个上美索不达米亚。胡里安人在该地区建立了二十几个小王国。因为阿勒颇、卡尔凯美什和乌加里特等城市人口大幅增长，他们在马里、埃布拉或阿拉拉赫王国建立了定居点以及商业飞地。

胡里安人在叙利亚北部的人口增长与赫梯人在该地区的扩张产生了冲突。哈图西里一世在位时，两个民族间就有了敌对行动。但是在赫梯王穆尔西里一世统治结束后，米坦尼王国才展开扩张。哈提君主的死亡导致了美索不达米亚西北权力空缺。亚姆哈德王国此时也失去影响力。胡里安人很善于利用政治混乱扩大版图，统治了安纳托利亚东部、亚述和叙利亚北部。

公元前 1500 年左右，胡里安人完成了统一大业。他们集中在一起成为一个单一的政治实体——米坦尼王国，又被称为胡里安或哈尼伽勒巴特（Hanigalbat）王国。据说米坦尼统一的主导人物是传奇国王基尔塔（Kirta），但也可能是其子舒塔尔那（Shuttarna）。遗憾的是，人们对这个王国的历史知之甚少，因为它的首都瓦舒坎尼（Wassukana）至今还没有找到。

根据在胡里安的不同城市，如努茨（Nuzi）、埃玛尔（Emar）、阿拉拉赫、布拉克，发现的为数不多的档案资料，每个城市都有特定的社会组织模式，城市具有一定的独立性。由此我们可以认为，米坦尼是各王国与瓦舒坎尼国王之间建立附属关系而形成的联邦国家。米坦尼国王的头衔“胡里安军队的王”似乎也证实了这种假说。这一称谓表明，君主的主要职能是统率士兵，所有米坦尼王国的士兵都必须听命于他。

米坦尼国王的其他职能，以及政治结构、体制和社会组织的特点仍不得而知。人们对这个国家的宗教、艺术、建筑知之甚少，只能从偶尔的考古发掘中窥见一斑。

对抗埃及的斗争

在向赫梯人展示过实力后，米坦尼很快面临一个新的阻碍，图特摩斯家族统治下的埃及，这个出现在东方的国家。埃及第十八王朝驱逐了曾统治埃及北部长达整个第二中间期（La Deuxième Période intermédiaire）[5] 的亚洲民族西克索斯人（Hyksos）。他们明白，要想防止边境被再次入侵，必须尽可能向东方推进，建立忠于埃及并尽可能抑制敌人前进的缓冲国。图特摩斯一世（前 1504—前 1492）组织了第一场征服巴勒斯坦的战役。他在扩张的过程中，在幼发拉底

[5] 第二中间期：古埃及中王国时期之后，新王国时期之前，下埃及被西克索斯人入侵，是一段分裂时期，时间长度大约为一百年。——译者注

图特摩斯三世，赫梯人与亚述人的盟友

公元前1479年至公元前1425年在位的埃及法老图特摩斯三世（Thoutmôsis Ⅲ），通过数次军事胜利控制了努比亚（Nubie）南部和叙利亚北部。他的第一次军事行动旨在征服耶路撒冷北部的城市梅吉多（Meggido）。那里集中了该地区几个城邦的军队，其中一支是卡迭石王率领的由米坦尼盟友或附庸国、叙利亚王公组成的联军。这种冒险的军事战略取得了成果。在长达7个月的围城后法老攻占了该城。他离开时带走了丰富的战利品，包括武器、战车、马匹、牛、妇女和儿童。在这场声名显赫的胜利后，赫梯人和亚述人认为图特摩斯三世是唯一可以遏制米坦尼扩张的盟友。

插图 表现法老得胜的浅浮雕，也许制作于梅吉多战役之后。位于阿蒙-拉神庙（卢克索）第七根柱子上，日期在公元前1450年。图特摩斯三世命人在神庙的墙壁上刻了225行碑文，每条长25米，这就是历史学家所说的《图特摩斯三世编年史》（*Annales de Thoutmosis Ⅲ*）。

❶ **脸部** 埃及人总是表现人物的侧面。但是这幅浮雕展示了一部分囚犯的正面。

❷ **战败方** 主场景下方列举了战败城市的名字，以双手被绑在背后的囚犯作为象征。

❸ **征服者** 这种法老打击敌人的形象是表达胜利的典型方式，在埃及早期画像中就有体现。

❹ **叙利亚人** 埃及人使用一些专有属性表现战败的外国人。他们使用尖尖的胡须表现叙利亚人。

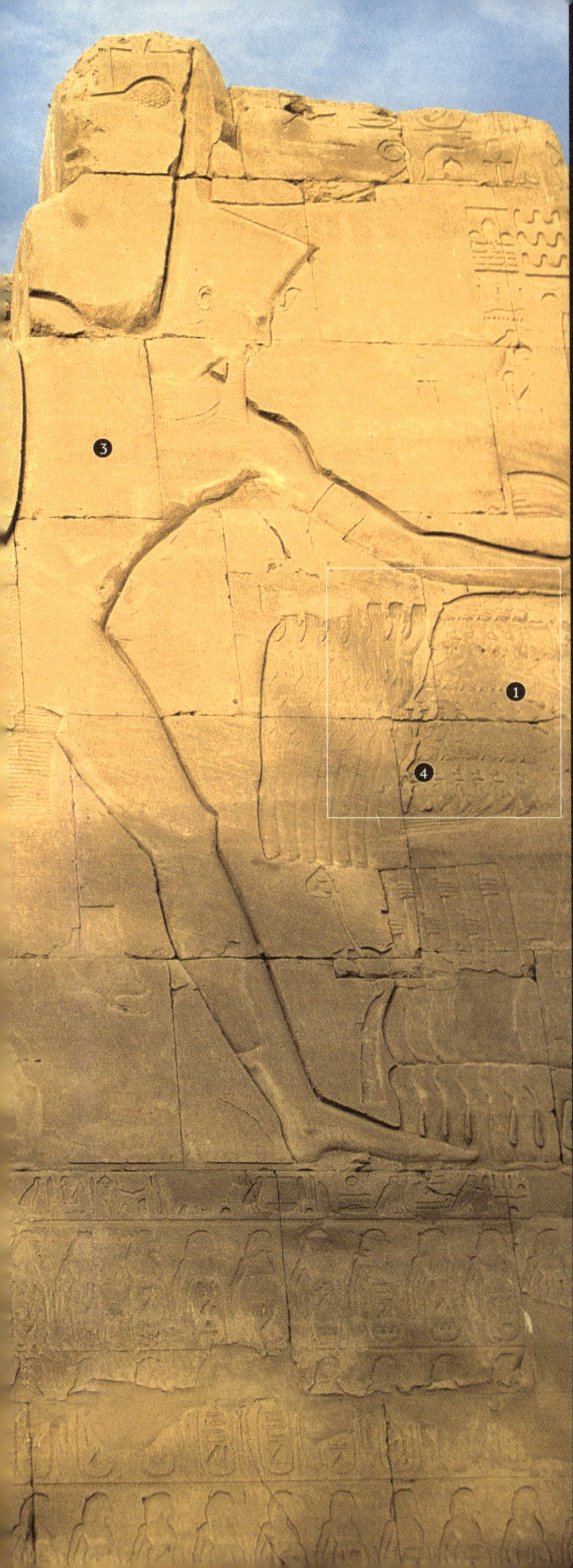

阿拉拉赫国王伊德瑞米

伊德瑞米（Idrimi）出身于阿勒颇宫廷，是与图特摩斯三世同时代的人，他是米坦尼的盟友、赫梯的敌人。因此他也成为埃及在黎凡特和叙利亚地区扩张的对手。雕像来自阿拉拉赫（现藏于伦敦大英博物馆）。

归顺法老　梅吉多战役后被俘的士兵似乎已经完全臣服于这个正准备用权杖击打他们的法老。

乌加里特，字母表的故乡

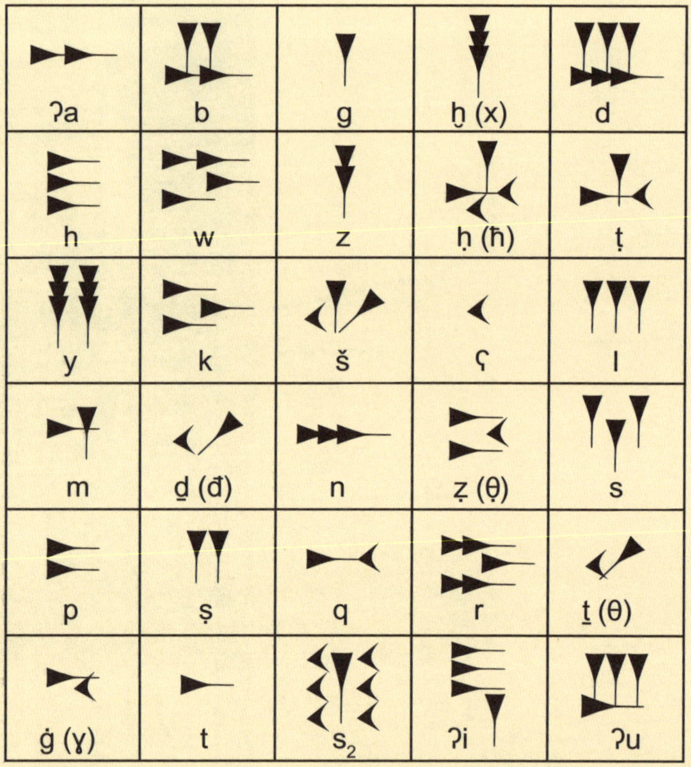

腓尼基字母表通常被看作历史上最早的字母表。希腊字母表、希伯来字母、拉丁字母都源自它……然而在乌加里特，在米坦尼王国初期（前 1500—前 1270）人们就使用一种音标字母。

每个字母对应一种发音，但是使用楔形文字书写。乌加里特字母表有30个符号。公元前1500年至公元前1400年间，这些字母被用在乌加里特语的书面表达。这种源于闪族的语言出现于公元前2000年左右，现已消失。字母表的产生在文字史上是一个重要事件：它表示人们在书写方面超越了在此之前一直使用的表意形式。

插图 乌加里特楔形文字泥板，发现于乌加里特王宫，公元前15世纪至公元前14世纪（现藏于大马士革国家博物馆）。

河竖立了一座纪念碑。但法老图特摩斯二世与同时身为王后和法老的哈特谢普苏特并没有继续扩张，这对于米坦尼的继任者来说无疑是幸运的。埃及甚至把巴勒斯坦北部的半壁江山输给了米坦尼国王帕拉塔尔那（Parattarna，前 1504—前 1492）。

米坦尼很快征服了赫梯人统治下的大部分城市，并使他们毫不犹豫地归顺了自己。赫梯古古王国努力阻止米坦尼的入侵，担心自己的领土被彻底征服。如果没有图特摩斯三世（前 1479—前 1425）领导下的埃及进行干预，这样的情况很有可能发生。图特摩斯三世是埃及历史上最尚武的法老，他不但夺回了前任法老失去的领土，还带领埃及进行了最大限度的军事扩张。他命人在位于卡纳克（Karnak）的阿蒙神庙雕刻的浅浮雕，展现了他在幼发拉底河流域以外进行的 17 次战役。战役数量如此众多，说明法老的反抗者们并不是单纯的地方豪强，他们显然得到了一个强大国家的支持。当时除了萨乌什塔塔（Shaushtatar，前 1430—前 1420）统治下的米坦尼，再无其他可能。事实上，大部分经常反抗埃及统治的叙利亚和巴勒斯坦的城市，背后都有米坦尼王国的支持。这也是梅吉多战役能够集结 300 多名巴勒斯坦王公联军，以及卡尔卡尔（Qarqar）、阿勒颇和卡尔凯美什等战役中联军存在的唯一合理解释。

米坦尼的胜利

然而，赫梯人和亚述人一样受制于米坦尼，他们对于图特摩斯三世及其军队的到来持赞成态度。从中看到了摆脱米坦尼骚扰的唯一时机，两国的君主与法老建立了外交关系。但是这还不够：几次胜利不足以让埃及完全控制该地区。图特摩斯三世死后，该地区爆发了新的叛乱，但被其继任者阿美诺菲斯二世（Aménophis Ⅱ，前 1427—前 1400）镇压。最终，米坦尼和埃及这两大强国确立了势力范围：在叙利亚地区，从卡迭石至乌加里特，归属米坦尼；而叙利亚-巴勒斯坦（syro-palestinienne）一带直至比布鲁斯（Byblos）仍归埃及统治。为了惩罚叙利亚曾与埃及缔盟，米坦尼国王萨乌什塔塔攻打并洗劫了亚述。随着埃及被压制，叙利亚被

发现于乌加里特的粗陶

这两个高置于战车上的人像具有亚述人的特征。这有可能是一场宗教献祭。公元前 1200 年左右（现藏于巴黎卢浮宫博物馆）。

洗劫，赫梯停滞不前，米坦尼成为中东第一强国。

以首都瓦舒坎尼为中心，萨乌什塔塔统治了一片广袤的领土。从东到西，这片土地包含了从亚述直到基祖瓦特纳在内的整个上美索不达米亚。自北向南，包括了从曾是赫梯领土中心的哈里斯河一直到比布鲁斯北岸。而赫梯则局限于其最初的版图。

在接下来的一个世纪里，风向又将会发生巨变：赫梯在其最伟大君主苏庇路里乌玛一世（前 1344—前 1322）带领下达到巅峰，而米坦尼王国则被从地图上彻底抹去。

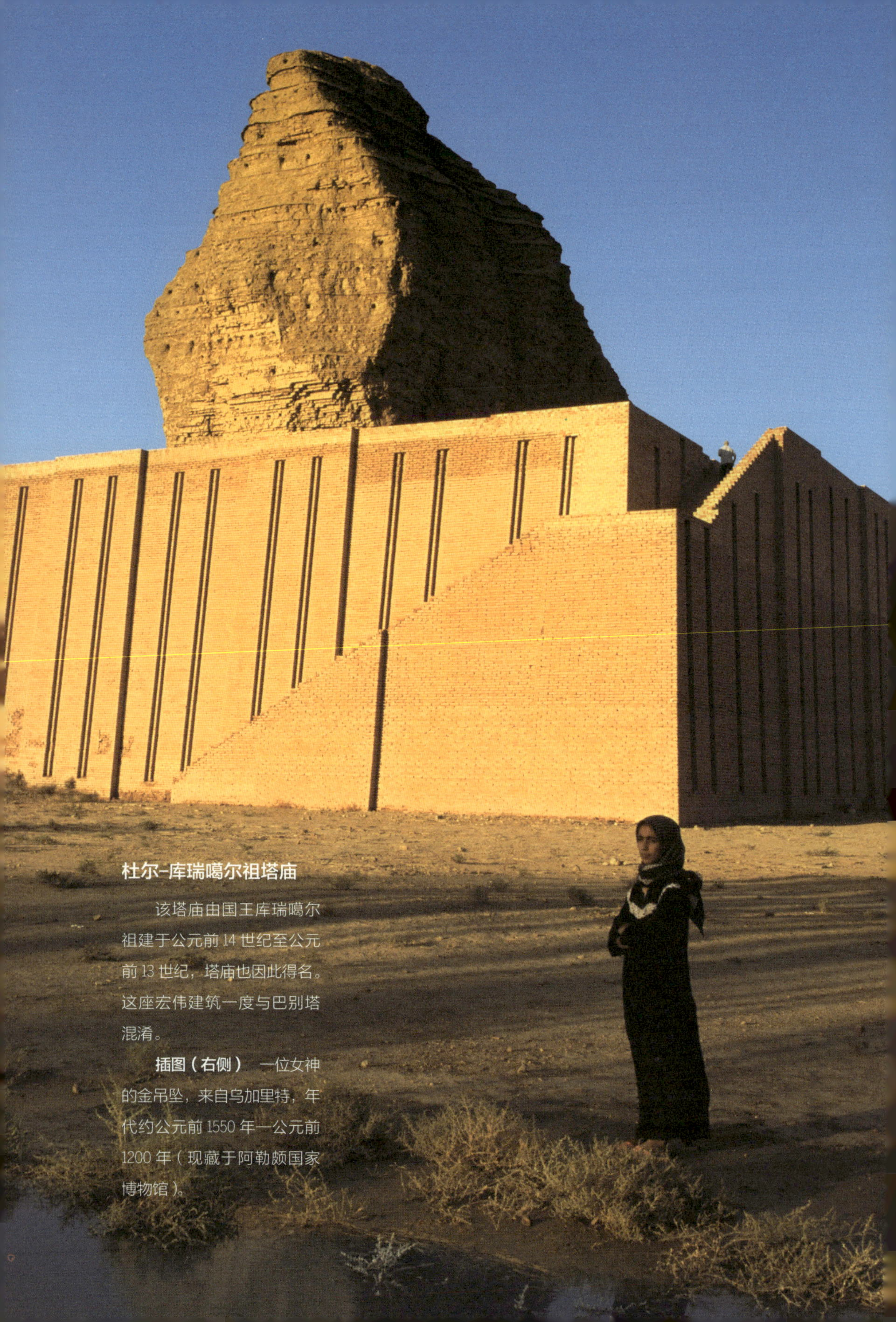

杜尔-库瑞噶尔祖塔庙

该塔庙由国王库瑞噶尔祖建于公元前14世纪至公元前13世纪，塔庙也因此得名。这座宏伟建筑一度与巴别塔混淆。

插图（右侧） 一位女神的金吊坠，来自乌加里特，年代约公元前1550年—公元前1200年（现藏于阿勒颇国家博物馆）。

喀西特人、赫梯人和亚述人

喀西特人入主巴比伦，亚述王朝在几位极富影响力的君主的领导下崛起，都扩大了美索不达米亚的政治战场。这两股新兴势力与盘踞土耳其半岛的赫梯王朝，以及地中海南岸的埃及王朝展开了角逐，在中东这个经济、政治和军事动荡不安的地区，赫梯王朝与埃及王朝一直共享霸权。

公元前 1595 年，赫梯国王穆尔西里一世（Moursil Ier）攻陷并洗劫了巴比伦后，并未就此占领城邦，而是返回了自己的领地。巴比伦因此成为无主之城。来自扎格罗斯山脉的喀西特人趁势将其占领。喀西特人的起源我们无从知晓，以其原始语言记载的资料极少，除了一些术语和专有名词外，并无任何完整语料。但我们也由此得知他们并非闪族人。喀西特人与此前在东方活动的其他民族，诸如苏美尔人、胡里安人和印欧人并无亲缘关系。

美索不达米亚的喀西特君主

公元前1730年
甘达什（Gandash）
阿古姆一世（Agum Ier）
公元前1660年
卡什提里亚什一世（Kashtiliash Ier）
公元前1570年
阿古姆二世（Agum Ⅱ）
公元前1530年—公元前1500年
布尔纳-布里亚什一世（Burna-Buriash Ier）
公元前1413年
卡拉因达什（Karaindash）
卡达什曼-哈伯一世（Kadashman-Harbe Ier）
库瑞噶尔祖一世（Kurigalzu Ier）
公元前1374年—公元前1360年
卡达什曼-恩利尔一世（Kadashman-Enlil Ier）
公元前1359年—公元前1333年
布尔纳-布里亚什二世（Burna-Buriash Ⅱ）
公元前1333年
卡拉-哈达什（Kara-hardash）
纳兹-布伽什（Nazi-Bugash）
公元前1332年—公元前1308年
库瑞噶尔祖二世（Kurigalzu Ⅱ）
公元前1307年—公元前1282年
纳兹-玛鲁塔什（Nazi-Maruttash）
公元前1281年—公元前1264年
卡达什曼-图尔古（Kadashman-Turgu）
公元前1263年—公元前1255年
卡达什曼-恩利尔二世（Kadashman-Enlil Ⅱ）
公元前1254年—公元前1246年
库都尔-恩利尔（Kudur-Enlil）
公元前1245年—公元前1233年
沙嘎拉克提-舒瑞亚什（Shagarakti- Shuriash）
公元前1232年—公元前1225年
卡什提里亚什四世（Kashtiliash Ⅳ）
图库尔提-尼努尔塔一世（Tukulti-Ninurta Ier）
公元前1224年
恩利尔-纳丁-舒米（Enlil-nadin-shumi）
公元前1223年
卡达什曼-哈勃二世（Kadashman-Harbe Ⅱ）
公元前1222年—公元前1217年
阿达德-舒马-伊丁纳（Adad-shum-iddina）
公元前1216年—公元前1187年
阿达德-舒马-乌苏尔(Adad-shum-usur)
公元前1186年—公元前1172年
梅里-什帕克（Meli-Shipak）
公元前1171年—公元前1159年
马尔杜克-阿普拉-伊丁纳一世（Marduk-apla-iddina Ier）
公元前1158年
扎巴巴-舒马-伊丁纳一世（Zababa-shum-iddina Ier）
公元前1157年—公元前1155年
恩利尔-纳丁-阿赫（Enlil-nadin-ahhe）

喀西特人——巴比伦文化传承人

公元前13世纪，喀西特人从扎格罗斯山麓来到美索不达米亚。他们在那里建立了一个王朝，从公元前1570年开始，取代巴比伦第一王朝，并在该地区统治了近6个世纪。

喀西特人最初表现出的强大的适应能力，使他们能够同化巴比伦文明的大部分文化特征。王朝建立初期，喀西特人使用巴比伦语言取代了他们本民族的语言，人们至今对喀西特人的语言的起源和特征知之甚少。他们采用当地的万神殿，巴比伦的守护神马杜克（Marduk）成为他们的主神。喀西特人还接受了建庙的建筑传统，并振兴了之前的文学传统。他们最后的几任国王，甚至毫不犹豫地采用了巴比伦名字。他们发明的库杜鲁（kudurru），刻有图案的圆锥形小界碑，为美索不达米亚艺术发展做出了贡献。

插图（右侧） 公元前12世纪喀西特库杜鲁上面，乐师神与象征神明的动物游行（现藏于巴黎卢浮宫博物馆）。

有关喀西特人的文献最早可以追溯到公元前18世纪（前1800—前1701），这些文献采用中巴比伦语撰写，而非他们本民族的语言。这一时期，喀西特人在城郊以部落或宗族的形式生活，后来逐渐成为雇佣兵或农业工人。大约一个世纪以后，他们中的一支在巴比伦北部的哈纳（Hana）地区建立了政权。君主名为卡什提里亚什一世（Kashtiliash

I[er]）。假如这就是在巴比伦的一些编年史中被提及的那个名字，那么他极有可能就是喀西特王朝的第三代国王。大约公元前1730年，甘达什（Gandash）开创了喀西特王朝，公元前1155年王朝灭亡，最后一位君主是恩利尔–纳丁–阿赫（Enlil-nadin-ahhe）。这个王朝存在了将近6个世纪，是美索不达米亚历史上存在时间最长的王朝。

喀西特首饰

这是一块公元前14世纪的玛瑙，上面刻有国王库瑞噶尔祖一世的名字，他征服了苏萨城，并与埃及法老阿美诺菲斯三世交好（现藏于巴黎卢浮宫博物馆）。

巴比伦第三王朝

公元前1570年左右，阿古姆二世（Agum Ⅱ）成为第一位全面统治巴比伦的国王。一段题有他名字的铭文至少可以佐证："吾名阿古姆-卡利姆……乃喀西特人与阿卡德人之王，辽阔的巴比伦土地之王，掌管着埃什努纳的土地，掌控着巴旦与阿尔曼，统治着未开化的库提人。吾统御四方，深受神的恩宠。"阿古姆二世通过一个极富象征意义的行动赢得了巴比伦人的尊敬：将赫梯国王穆尔西里一世洗劫巴比伦时夺走的巴比伦守护神马杜克与萨帕尼图夫妇的塑像，从赫梯人手中夺回。巴比伦因此一雪前耻，而新王朝的表现证实他不愧为过往伟大国王的继任者。

一旦在巴比伦定居下来，喀西特人就自愿适应当地的语言、传统乃至文化。他们把美索不达米亚的神整合入神庙，但并未抛弃自己的神。喀西特人复兴了被烧毁的神殿，并建造了新的神殿。现在巴格达附近的杜尔-库瑞噶尔祖（Dur-Kurigalzu）塔庙，体现出他们对当地建筑传统的尊重。美索不达米亚的文学得以保留也要归功于他们对重要作品的誊写和认可。《吉尔伽美什史诗》（*l'Épopée de Gilgamesh*）的最终版本就定稿于这一时期。此外，喀西特人也为艺术创作领域带来创新，特别是他们使用神的肖像来装饰砖庙。埃兰国王、新巴比伦国王以及后来的波斯政权均受此影响。这个民族的另一个艺术新发明就是巴比伦界石库杜鲁（kudurru）。这些小石碑通常呈圆锥形，上面刻有巴比伦神殿中众神的动物或者象征符号，这些神是界碑所配铭文的重要见证，而铭文多数讲述国王赠予土地的事件。

阿古姆二世的继任者们为了在近东的政治棋盘中争得一席之地而努力奋斗。米坦尼王国先发制人，控制了叙利亚和上美索不达米亚的大部分土地，并且几乎征服了亚述王国。而赫梯王国被内部斗争严重削弱。唯有图特摩斯家族统治下的埃及第十八王朝可与米坦尼人分庭抗礼，当时埃及控制着自黎凡特至乌加里特的沿海地区，内陆领土最远至卡迭石等贸易往来的重要枢纽。

远在巴比伦的喀西特人，利用相对远离是非之地的优势巩固领土并进行内部筹备。他们通过结盟或外交谈判，在这片北到萨迈拉，南至波斯湾，东起扎格罗斯山脉，西至幼发拉底河流域的广阔土地上建立了政权。公元前15世纪，年轻的卡尔杜尼亚什王国（“巴比伦”的喀西特语译文，自此这一名字用于指代整个下美索不达米亚）成为颇具影响力的新角色。

倘若没有《阿马尔那文书》（*les Lettres d'Amarna*）这一研究近东历史最重要的文献，现在就很难理解当时多元政权的复杂程度。这些书信被偶然发现于埃及阿肯那顿法老的旧都城阿马尔那，阿肯那顿过世后这座城便被废弃了。《阿马尔那文书》以当时通用的楔形文字和阿卡德文书写，揭示了公元前 2 千纪下半叶的一些外交内幕。书信使用第一人称，让我们听到了法老和当时主要君主们的心声，揭露了他们的联盟、野心、战略和背叛，从而也让我们理解为何亚述王国与赫梯王国在见识到埃及的势力在利汶德地区的迅速扩张后，急于同法老图特摩斯三世（Thoutmôsis Ⅲ）结盟：这些民族希望以此结束米坦尼的霸权。

喀西特国王卡拉因达什（Karaindash）与法老们过从甚密。或许就是他的某一个后人给埃及法老发出了这封书信：“从卡拉因达什起，自您双亲的书信不断地被呈到我父母的面前以来，他们至今仍是好友。”埃及开始成为各个不同势力的最佳盟友。

米坦尼也同所有邻国那样，希望与法老们保持良好关系。公元前 14 世纪，埃及人与米坦尼人停止对抗，以王朝联姻的方式建立同盟关系。《阿马尔那文书》中记载了埃及法老图特摩斯四世与阿美诺菲斯三世（Aménophis Ⅲ）同米坦尼公主联姻的事迹，两位公主分别是阿尔塔塔玛一世和舒塔尔那二世之女。“尼姆莱亚（阿美诺菲斯三世）之父（图特摩斯四世）写信给我的外祖父阿尔塔塔玛，请求迎娶我母亲的姐妹、我外祖父的女儿时，他请求了五六次，我外祖父都没应允，直到第七次时，外祖父才在压力下终于同意这门婚事。”

赫梯人的回归

这种联合的原因在于，埃及和米坦尼人越来越担心赫梯在一个雄心勃勃、强大的新王朝领导下进行扩张——该王朝由国王图塔利亚一世开创于公元前 1430 年左右。

库杜鲁，喀西特艺术杰作

库杜鲁，阿卡德语意为“边界”，是记录国王向其诸侯或家族成员赏赐土地的石碑。通常由石头制成的原件保存在寺庙中，泥制的复制品则交给那个幸运的受益人。库杜鲁的一面是实际的法律文件，指出赏赐土地的边界和新主人的名字。另一面刻有宗教符号和神像。

神界与冥界的象征

库杜鲁的上半部分通常是三个主神的象征符号：半月形，代表月神辛；星星，代表爱与战争女神伊什塔尔；以及代表正义之神沙玛士的太阳盘。库杜鲁下半部符号为冥界符号，为众神居住之所。冥界守护者角蛇和代表伊莎拉（Ishara）的蝎子都是反复出现的元素。

插图 巴比伦王美里·什帕克的库杜鲁碎片（现藏于巴黎卢浮宫博物馆）。

美里·什帕克的库杜鲁

保存在卢浮宫博物馆的这个库杜鲁上，我们可以看到维持美索不达米亚宇宙秩序的万神殿的图案。

正面：神的等级

象征神的五个级别的雕像根据重要性排列。

背面：法律条文

碑文中给出了捐赠的法律内容，并警告质疑者会受到神灵的诅咒。

第一等级是维护宇宙秩序之神（安努和恩利尔祭坛上的角），伊亚神（山羊鱼）和母神宁胡尔萨格的子宫。

第二等级是三位佩带各自权杖的神将：冥界之神内尔伽勒（Nergal），战争之神扎巴巴（Zababa），和手持豹头权杖的尼努尔塔（Ninurta）。

巴比伦守护神马杜克，由一把尖铲和一条有角的龙来代表；他的儿子智慧神纳布（Nabu），用一支笔象征；还有治愈女神古拉(Gula)，由她的属性动物狗来指代。

最下层是其他的神：公牛身上的闪电代表风暴神阿达德，灯象征了火神奴斯库（Nusku）；犁暗示了宁吉尔苏，鸟则象征了信使神帕朴素卡尔（Papsukkal）。

按照习俗，最上层是三个天神的象征物：半月符号代表辛，星星代表伊什塔尔，太阳盘代表沙玛士。

蝎子象征伊莎拉（Ishara），这位女神有许多属性，其中最重要的是治疗女神和誓言保护女神。

坐着的神是治愈女神古拉，她被召唤于妇人分娩时。趴在她身边的狗是她的属性动物。

纳兹-玛鲁塔什的库杜鲁

该库杜鲁发现于苏萨城，属于喀西特王朝库瑞噶尔祖二世之子、国王纳兹-玛鲁塔什所有（现藏于巴黎卢浮宫博物馆。）

正面：象征符号

守护神及其象征符号占据了库杜鲁整个正面。

背面：铭文

铭文详细介绍了国王赠予的每块土地的特征，并以通用诅咒结尾。

这一时期赫梯王朝四处征战，苏庇路里乌玛一世（前 1344—前 1322）在位时该政策达到了顶峰。

在征服的第一阶段，即从图塔利亚一世去世到苏庇路里乌玛一世登基之间的半个世纪里，赫梯人重建了他们的古老王国。他们巩固了一直以来遭受四方敌对势力威胁的边境，敌对势力包括西边的阿尔萨瓦、北边的加斯加、东边的伊舒瓦（Ishuwa）和南边的基祖瓦特纳。赫梯国王的进攻收获了喜忧参半的结果。他们保持了历史核心地区的完整，但在图塔利亚三世在位时，赫梯全境被加斯加人及其盟军攻陷，首都哈图沙什被烧毁。

赫梯人几近被灭国。阿美诺菲斯三世本人与似乎成为该地区新政权的阿尔萨瓦王国缔结外交关系。但是图塔利亚三世坚持不懈，奠定了成为新兴统治势力的基础。当时身为王子的苏庇路里乌玛为他提供了宝贵协助。图塔利亚三世之孙在《编年史》（*Faits de mon père*）中有如下记载："先父对祖父说道：'哦，我的主人，请派我前去阿尔萨瓦与敌军作战。'"公元前 1344 年图塔利亚三世去世后，苏庇路里乌玛迫不及待地杀死兄长，篡夺了他曾帮助守护过的王位。

征服者苏庇路里乌玛一世

中东的政治形势对野心勃勃的赫梯统治者非常有利。在米坦尼，到公元前 1375 年左右舒塔尔那三世去世时，阿尔塔塔玛二世和图什拉塔两兄弟分权，大大削弱了米坦尼的实力。在埃及，阿美诺菲斯四世——他后来的名字"阿肯那顿"更为出名——于公元前 1353 年左右登基，并对内实行了重大改革，国际关系退居次要地位。最后是喀西特人的巴比伦王国，国王布尔纳-布里亚什二世无法对边境线以外的地区施加任何影响。这对赫梯而言是一个理想局面，赫梯人以一个伟大国王为中心重建王国，利用邻国与敌人的衰落，力图在叙利亚和美索不达米亚建立一个真正的帝国。

苏庇路里乌玛一世上位最初几年的策略是孤立距离最近的敌人米坦尼王国。为此，他与周边其他强国签署了外交协定。苏庇路里乌玛一世首先与被自己的兄弟排斥在权力中心之外的米坦尼王子阿尔塔塔玛二世缔约。作为回报，苏庇路里乌玛一世答应会帮他夺回王位。然后，为确保通往叙利亚北部的路线，他与基祖瓦特纳王国谈判达成协议，并向阿肯那顿承诺，战役不会影响到埃及领土。最后，为了避免遭到来自南边的突袭，他与遥远的巴比伦王布尔纳-布里亚什二世建立了联系，并娶了巴比伦王的一个女儿。当外交手段不足以解决问题时，苏庇路里乌玛一世就毫不犹豫地诉诸武力。他曾率领部队攻打北边的加斯加、西边的阿尔萨瓦和东边的伊舒瓦。

经过 12 年的外交准备，苏庇路里乌玛一世于公元前 1332 年左右对米坦尼在叙利亚的领土采取了第一次军事行动。图什拉塔被打得措手不及，眼看赫梯人攻占了阿勒颇，并征服了叙利亚的新土地，将边界扩大到黎巴嫩。苏庇路里乌玛一世撤军后，米塔尼君主试图反击。他联合阿拉拉赫、卡特纳、卡迭石、大马士革，及反抗赫梯人占领的阿勒颇等几个城市的队伍组成了一支庞大的军队。作为报复，苏庇路里乌玛一世在东部发动了第二次攻势。赫梯军队渡过幼发拉底河后发起了进攻，他们攻占了米坦尼的首都瓦舒坎尼，并征服了米坦尼的所有附属国，但没能成功俘虏国王图什拉塔。在叙利亚战役中，如同他向阿肯那顿承诺的那样，苏庇路里乌玛一世保证尊重他的盟友埃及。

但是法老的一些附属王国，如乌加里特和阿姆鲁，却加入了赫梯的阵营。并且征服者最终还是越界了，赫梯攻占了卡迭石与卡尔凯美什——分别被埃及和米坦尼视作控制叙利亚的关键城市——因此与埃及的冲突已不可避免。为了收回这些飞地，在新一轮针对赫梯的全面暴动背景下，阿肯那顿和图什拉塔都对赫梯发起了进攻。但是苏庇路里乌玛一世成功保住了这两座城市。他派遣儿子们前往阿勒颇和卡尔凯美什的要塞安抚该地区。

失败的联盟

在阿肯那顿和图坦卡蒙的统治下，埃及衰落了。米坦尼因为内部分裂几乎被消耗殆尽。赫梯成为当时唯一的新势力，而苏庇路里乌玛一世是整个中东地区最有影

雅兹勒卡亚：刻在岩石上的伟大赫梯圣地

雅兹勒卡亚距离哈图沙什将近两公里，是一座刻在岩层上的大型露天圣殿，是赫梯人最重要的宗教中心。它有两道围墙，后来又增加了几座建筑。现在只有一个带柱子的庭院和柱廊的地基保存下来。

从赫梯历史的最初阶段起，雅兹勒卡亚（土耳其语为“刻字的岩石”）就是举行仪式的场所。表现宏伟赫梯神殿中众神的纪念性浮雕是在公元前13世纪中叶才刻在岩壁上的。该项工程由国王哈图西里三世发起。其子图塔利亚四世最终完成这项工程，他在浅浮雕中占据重要位置。事实上，这位国王是一位出色的宗教改革者。他恢复了古老的节庆活动，又引入了新的节庆活动，在混合思想引导下，把赫梯众神与外来神明，特别是与胡里安众神相融合。圣殿通过一条宽阔的祭祀游行道路与赫梯首都哈图沙什接通。在图塔利亚四世时期，它的主要功能似乎是主持新年或春季盛大祭祀庆典，以及其他宗教仪式和典礼。然而，考古学家发现的遗体火化后的残余表明，这里还可能是赫梯的皇家墓地。无论如何，此处毫无疑问是赫梯虔诚的宗教信仰带来的自然与艺术共生的场所。建筑与雕刻在天然的艺术长廊完美结合，岩壁上刻有众神和国王图塔利亚四世的游行队伍。

玉玺

国王穆尔西里二世的玉玺，上面刻有铭文：“赫梯国王，伟大的国王苏庇路里乌玛一世之子。”（现藏于大马士革国家博物馆）

响力的统治者。一位埃及法老的遗孀（很有可能是娜芙蒂蒂或者安赫塞纳蒙）写信给苏庇路里乌玛一世，请求与他的一位王子联姻，这体现出了苏庇路里乌玛一世的重要性。那位埃及王后在信中写道：

“我的丈夫已亡故，而我没有儿子。我绝不能嫁给我的仆人，听说您有许多王子，请将其中一个交给我，我会让他成为我的夫君，他将成为埃及的法老！”一国统治者有机会同时统治近东和埃及，这在历史上还是第一次。

然而，联姻请求非但没有让赫梯与埃及两国结成同盟，反而恶化了两大强国之间的关系。在赫梯的五

位王子中，只有扎努扎（Zanuzza）愿意联姻。但是他的父亲对埃及的请求心存疑虑，迟迟不派他前往结盟。赫梯君主的迟疑反而给了埃及宫廷策划阴谋的时间。阿肯那顿的前首相艾伊（Ay）最终娶了王后。因此，他下令在扎努扎前往埃及的途中将其刺杀。苏庇路里乌玛一世反应迅速，派遣另一个王子，也是继承人的阿尔努旺达二世（Arnuwanda Ⅱ，前 1322—前 1321）前往埃及，展开了一场大规模军事行动。据赫梯编年史的记载，赫梯国在此役中取得了全面的胜利。

但是为换取这场针对埃及帝国的胜利，赫梯国付出的代价也很沉重。仍是根据赫梯史册的记载，在阿尔努旺达于埃及俘获的几千名战俘中暴发了瘟疫。“当这些战俘进入赫梯境内时，也将瘟疫带到了这里，从那之后死亡笼罩了赫梯。”苏庇路里乌玛一世不久也死于瘟疫。阿尔努旺达继承王位后，也染上瘟疫并很快死去。他的弟弟穆尔西里二世（前 1321—前 1295）继位。这位年仅 20 岁的年轻人，不得不接过被严重削弱、濒于崩溃的国家的最高领导权。

瘟疫的肆虐深刻体现了赫梯人的内心世界。穆尔西里二世的编年史中写道：“诸神哪，为何如此？怎会如此？你们让瘟疫降临到这个国家，整个赫梯国就要灭亡，将无人准备祭祀用的面包，也无人酿造祭祀用的酒水。”赫梯人认为，瘟疫源自国王的罪孽，是神对他们的惩罚。

事实上，赫梯人的宗教信仰特征就是追求极端的仪式感和宗教的纯洁性。为得到神的祝福，全社会都必须严格遵守无数宗教教义和礼仪。假如不幸违反了其中任何一条，不论多么微不足道，都将立刻挑起神的愤怒。假如赫梯人的最高代表国王犯下这种错误，那么将招致更严重的后果，惩罚会降临到全体人民头上。并且这种过失将传给下一代。人们认为，瘟疫席卷整个帝国，就是因为苏庇路里乌玛一世在得胜后停止向诸神献祭。众神因此给他送来了这场瘟疫，夺走了他与儿子的生命。

赫梯帝国的职能

穆尔西里二世似乎并没能平复众神的愤怒。他一登基就面临各方起义，北方的加斯加、西方的阿尔萨瓦，叙利亚城市努哈塞（Nuhasse）和卡迭石也在埃及的霍朗赫布（Horemheb）的挑唆下起义。他在位的前十年致力于平定各方之乱，以及克服瘟疫带来的影响。此外，他还卷入了不为人知的宫廷阴谋，这场阴谋主要由他的继母、苏庇路里乌玛一世的巴比伦妻子、布尔纳-布里亚什二世之女策划，她最终下令刺杀国王的妻子。穆尔西里二世后来很可能中风了。从留传下来的文字看，中风让他失语：“伟大的太阳王穆尔西里如是说：‘我前往库努丘（Til-Kunnu）的旅途中……爆发了一场风暴，风暴神发出可怕的轰隆声，我惊恐万分，口不能言，只能发出奇怪的咕哝。随后我忘记了这件事，但年复一年，造成这种事的原因却开始出现在我的梦中。我睡着时，神的手落到我身上，我的嘴变得扭曲。’”我们发现国王总是把他遭受的病痛归咎于神的惩罚。不管怎样，他的统治还是带来了积极的结果。他留给儿子穆瓦塔利二世（前1295—前1272）的是一个相对稳定的王国。

苏庇路里乌玛一世的征服行动造就了一个地理上非常混杂的帝国。它囊括了自小亚细亚王国和黎凡特沿岸的迦南城市，一直到叙利亚内部城市及古代米坦尼王国领土在内的地区。帝国境内有不同的民族，每个族群有特定的文化、语言、宗教与法律传统。这个帝国并非一个在政治和社会方面的统一整体，只是由彼此不同的各地势力拼凑而成。帝国的凝聚力来自在首都统治整个国土的中央政权，顾及共同利益的同时，也会在必要时诉诸武力。

地方势力与中央政权的关系以对赫梯大王的附属和忠诚为基础。“大王”这一称号只限于赫梯君主，它体现了赫梯君主地位高于其封臣，小国国王们担任总督的角色，在各自领土享有有限的自治权。飞地具有重要战略价值因而十分珍贵，他们原本的国王被赫梯王族或贵族成员取代，享有更大的权力，但总是受到大王的监视。卡尔凯美什和塔胡恩塔萨的情况就是如此。附属地对赫梯王室的忠诚通过书面协约正式确立，附属国承诺为赫梯君主的利益采取各种行动：保证王位的继承，为军事活动提供军队，为其他必要工程提供劳力，每年缴纳贡品等。这些协约以附属国国王在伟大的神明面前宣誓的方式缔结。赫梯帝国后几位君主之一的苏庇路里乌玛二世时期的一份文件，反映出这些誓言受到高度的重视。“假如你在光天化日之下对苏庇路里乌玛或其子嗣做了恶意行为，上千誓言之神与太阳之火将立即毁灭你。假如你在夜间、月下做了恶意行为，月亮将摧毁你……以及你的妻子、子嗣和土地……”

宫廷、寺庙或军队最高官员也要在权威的神面前签署密封誓约，进行相关的约束。誓约详细地描述了他们的职责。忠于君主是他们最首要的承诺。为了保证对广阔领土的正常管理，赫梯君主还制定了一系列法律。和当时的其他民族一样，赫梯人的法律由一系列犯罪过失构成，并根据被告的社会地位（自由人、半自由人或者奴仆）做出相应的裁决。这些法律会随着时间发展而做出改动。例如，一些特别严酷的刑罚——如磔刑和断肢——后来停止实施，改用罚金替代。

赫梯诸神的神秘游行

哈图沙什附近的岩石圣殿的主室中，一条刻有 63 个神明的檐壁令人印象深刻。这是赫梯万神殿数百个神像中的一小部分。

第一组中的十二个神身穿裙装，头戴尖帽，肩背半月形的剑。考古学家确认他们是冥界的神，为了在冥土服务国王图塔利亚四世。圣殿西面的墙上是男性的神，东面的墙上是女性的神。他们中的大部分名字采用圣书体书写。其中较著名的神是月神、水神、麦神、时间神和风暴神，还有被神化的国王本人，他被赋予了太阳和天空的符号。所有的神都以侧面示人，这个场景被认为是一场游行。没有人确切知道赫梯雕刻家通过这些雕刻在雅兹勒卡亚岩石圣殿的神秘浮雕所表达的真实意义是什么。

亚述-乌巴里特一世唤醒亚述帝国

赫梯帝国成功地几乎完全摧毁了敌对的米坦尼王国。苏庇路里乌玛一世和穆尔西里二世在位期间，赫梯东部只剩下米坦尼王国的一些总督，但是已经无足轻重，比如阿尔斯王国（Alse)。然而该地区将出现一个“老朋友”的身影——亚述。摆脱了米坦尼的长期桎梏，亚述进入了一个蓬勃发展的历史时期，即中亚述帝国。中亚述帝国由亚述-乌巴里特一世（Assur-ouballit Ier，前 1365—前 1330）建立，其辉煌一直延续到公元前 1076 年。

与卡尼什之间的贸易结束后，亚述人的活动范围只局限在从亚述到尼尼微，最远至阿尔比的区域，即他们位于上美索不达米亚的核心地区。虽然受制于米坦尼，他们始终保持着相同的王朝血统，从未放弃过恢复国家独立的愿望。这一愿望在赫梯人战胜米坦尼后得以实现。米坦尼国王图什拉塔死后，其子萨提瓦萨与侄子舒塔尔那三世因王位继承权引发了危机，亚述-乌巴里特一世利用了这次危机。亚述人把赌注压在舒塔尔那三世身上。至于苏庇路里乌玛一世，他与萨提瓦萨签署了一项条约将其纳入

赫梯帝国的君主

公元前1430年—公元前1400年
图塔利亚一世（Tudhaliya Ier）
公元前1400年—公元前1385年
阿尔努旺达一世（Arnuwanda Ier）
公元前1385年—公元前1360年
图塔利亚二世（Tudhaliya Ⅱ）
公元前14世纪
哈图西里二世（Hattousil Ⅱ）
公元前14世纪
图塔利亚三世（Tudhaliya Ⅲ）
公元前1344年—公元前1322年
苏庇路里乌玛一世（Souppilouliouma Ier）
公元前1322年—公元前1321年
阿尔努旺达二世（Arnuwanda Ⅱ）
公元前1321年—公元前1295年
穆尔西里二世（Moursil Ⅱ）
公元前1295年—公元前1272年
穆瓦塔利二世（Mouwatalli Ⅱ）
公元前1272年—公元前1267年
穆尔西里三世（Moursil Ⅲ）
公元前1267年—公元前1237年
哈图西里三世（Hattousil Ⅲ）
公元前1228年
库伦塔（Kurunta）
公元前1228年—公元前1209年
图塔利亚四世（Tudhaliya Ⅳ）
公元前1209年—公元前1208年
阿尔努旺达三世（Arnuwanda Ⅲ）
公元前1207年—公元前1178年
苏庇路里乌玛二世（Souppilouliouma Ⅱ）

哈图沙什：赫梯帝国在安纳托利亚的中心

哈图沙什曾是安纳托利亚半岛中部的一个村庄。公元前 3 千纪末期开始有人居住，它的规模不断壮大，到公元前 17 世纪中叶的拉巴尔纳统治期间，它成为赫梯的首都。拉巴尔纳后改名为哈图西里一世。公元前 14 世纪中叶，这座强盛且备受尊敬的城市实现了最大限度的领土扩张。

哈图沙什战略位置优越，控制着横穿安纳托利亚高原，连通美索不达米亚和中东到地中海及欧洲的大部分主要贸易通道。赫梯人以这块荒芜之地为原点展开扩张，通过联盟或者附庸关系最终控制了叙利亚、上美索不达米亚和小亚细亚的大部分领土。只有西边的地中海沿岸和北边的黑海躲过了被赫梯统治的命运。公元前1190年左右，该城被废弃。它极有可能是被弗里吉亚（Phrygie）的战士摧毁的。弗里吉亚是位于安纳托利亚高原、吕底亚（Lydie）与卡帕多西亚之间的地区。

插图 从城市平面图可以看出，两部分建于不同时期。北边的下城区建于赫梯旧王国时期，拥有自己的城墙，将皇宫与大寺庙包围在内。上城是原始城市的两倍大，建于公元前13世纪的新帝国时期。繁荣时期，哈图沙什的国王击败了米坦尼，并在卡迭石之战后与埃及签订了和平条约。该城总面积约6平方公里，周围有坚固的堡垒，城内有30多座寺庙。

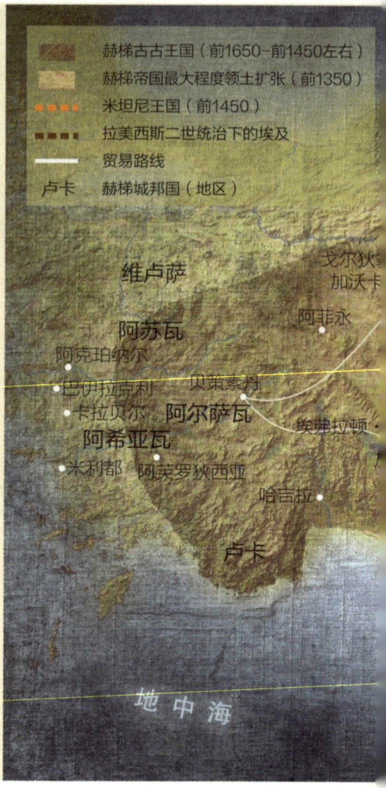

赫梯石碑

它描绘了赫梯帝国众神之一，公元前 13 世纪（现藏于阿达纳考古学博物馆）。

自己的势力范围，“我苏庇路里乌玛，赫梯之王，将支持图什拉塔国王之子萨提瓦萨，并将他推上他父亲的王座”。然而，赫梯国王去世后，亚述–乌巴里特还是从萨提瓦萨手中夺取了一小块领土。这标志着米坦尼大王国的历史结束，新亚述帝国向幼发拉底河的扩张就此开始。

亚述–乌巴里特一世效仿当初沙姆什–阿达德一世，授予自己“宇宙之王”的称号。我们读到一段铭文：“愿我的主人，神马杜克赐予深爱我的宇宙之王，亚述–乌巴里特长寿。”不久之后，他开始积极干预中东政治。亚述–乌巴里特一世与埃及建立了联系。在《阿马尔那文书》写给法老阿肯那顿的一封信中，新的亚述王把自己置于

和米坦尼过去的君主同等地位：“当哈尼伽勒巴特米坦尼王给远在埃及的令尊阿美诺菲斯三世写信时，令尊赠予他 20 塔兰同（talent）黄金。如今我的地位等同于哈尼伽勒巴特王，你却只赠给我……黄金，这甚至不足以支付我的使者的往返路费。”这段文字清楚地说明了亚述人对自己再次成为大国充满自信。但并非所有邻国都对亚述这种新姿态持友善态度。特别是平静的巴比伦的国王们，他们预感到亚述将成为极其危险的敌人。因此，尽管亚述-乌巴里特曾将一个女儿嫁给巴比伦王布尔纳-布里亚什二世，两朝之间存在血脉联系，巴比伦仍希望能够遏制亚述的扩张。

恰高-赞比尔，美索不达米亚保存最完整的塔庙

杜尔-温塔什-纳皮里沙（Dur-Untash-Napirisha）城的废墟，以其波斯语名称恰高-赞比尔（Chogha-Zanbil）而闻名，其中有迄今保存最完好的齐古拉塔庙。城市和齐古拉塔庙都由埃兰国王温塔什-纳皮里沙（Untash-Napirisha）于公元前13世纪中叶下令建造，目的是致敬和祭拜埃兰主神。

据推测，温塔什-纳皮里沙意图建立一座新城，以取代南边约45公里处的苏萨城，成为王国的宗教中心。为此他希望建起一座规模宏伟的塔庙。第一层建造于工程初始阶段，包括以下几部分：❶一座大型方形建筑，每边长100米，中央庭院通往众多房间。这个庭院后来被填平，该建筑就成为塔庙的底座。❷四座巨大的楼梯，建筑的每边各有一座楼梯通往寺庙。据估计，该建筑共有四到五层。目前保留下来的建筑高度为28米，实际高度应该是这个数字的两倍。❸神庙有一道围墙包围，同时又与其他寺庙一同被又一道防御墙包围。第三道城墙保护了整个城市，占地面积近1平方公里。考古学家一直未能确定恰高-赞比尔城是否曾有人居住，因为在发起人温塔什-纳皮里沙去世后，该城的建造就停止了。他的继任者们一直把苏萨当作首都，不过直到公元前640年被亚述人摧毁前，该城一直是礼拜仪式中心。

祭司的头部雕像

采用白色石灰岩制作，来自恰高-赞比尔的频尼基尔（Pinikir）女神庙。公元前2千纪中叶（现藏于巴黎卢浮宫博物馆）。

亚述统治下的巴比伦

为了应对亚述的崛起，布尔纳-布里亚什二世致函埃及法老阿肯那顿，信中他将亚述看作自己的属国，要求法老不要接受亚述的示好：“至于我的封臣亚述人，并非我派遣到贵国的，他们怎么能在没有得到比在本国时更多担保的前提下就前往贵国了呢？假如您厚爱我，请别让他们参与任何交易，请将他们空手遣返。”但埃及人尚且自顾不暇，亚述人和巴比伦人之间的纷争就留给他们自己解决了。

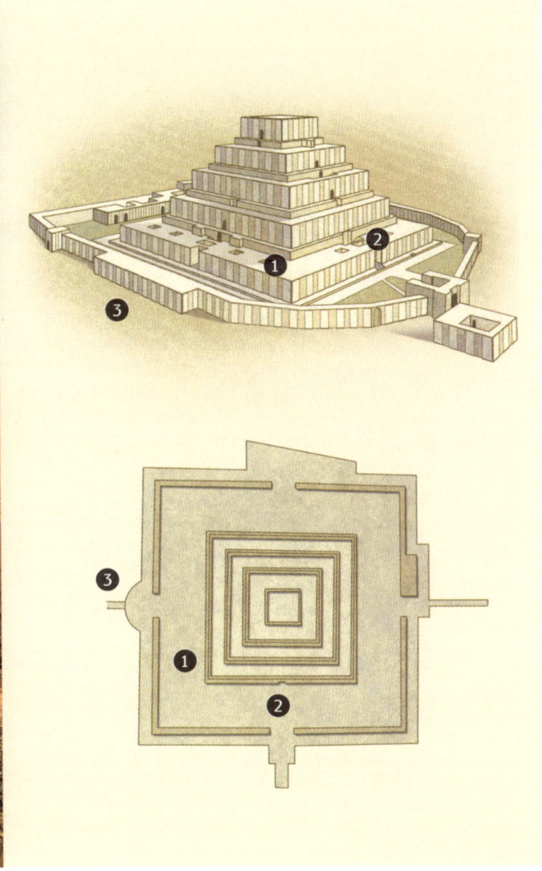

公元前1333年，布尔纳-布里亚什二世与亚述公主之子、亚述-乌巴里特的外孙卡拉-哈尔达什（Kara-hardash）登基。但是不久他就被巴比伦反对派刺杀。亚述-乌巴里特迅速占领了巴比伦，并把自己的一个孙子，年幼的库瑞噶尔祖二世扶上巴比伦的王位。然而，在祖父去世后，库瑞噶尔祖二世背弃了自己的出身，这标志着巴比伦和亚述之间敌对时期的开始。年轻的国王还发动了对埃兰王国的战役，征服了其首都苏萨。但是他并未统治整个国家。

另一位亚述君主阿达德-尼拉里一世（Adad-nirari Ⅰer）登上王位，为亚述的政治扩张注入新的动力，令亚述在几个东方大国中建立了威望。阿达德-尼拉里一世在击败库瑞噶尔祖二世之子纳兹-马鲁塔什（Nazi-Maruttash）后，将其南部边境拓展至迪亚拉（Diyala）河道。巴比伦的领土大幅缩减。虽然还没有完全吞并巴比伦，但南部已在他的控制下，阿达德-尼拉里一世就将精力集中于位于亚述西边的赫梯。几次战役之后，他成功将亚述西部边境推进到卡尔凯美什。亚述从此成为赫梯的邻国，阿达德-尼拉里一世希望与国王穆瓦塔利二世建立友好关系。在写给穆瓦塔利二世的信中，阿达德-尼拉里试图与赫梯王平辈论交的意图十分明显。阿达德-尼拉里一世称赫梯王为“兄弟”，并请求他允许自己造访赫梯基祖瓦特纳南部的阿玛努斯（Amanus）山。这种殷勤的态度却让穆瓦塔利二世感到被冒犯，因而回复他：“你与我称兄道弟，说要拜访阿玛努斯山，但你为何呼我为兄弟？我们是生于同一个母亲还是父亲？”阿达德-尼拉里一世的继承人萨尔玛纳萨尔一世（Salmanasar Ⅰer）巩固了被征服的领土和北方地区的统治。他在各个封地内建立了殖民地和堡垒。

亚述由此控制了所有的东西方贸易路线。与此同时，在西方，赫梯和埃及之间的紧张关系也在加剧。公元前1295年，穆瓦塔利二世登基后，为公开对决做了10余年的准备。

赫梯对埃及的反击

在赫梯方面，穆瓦塔利二世希望加强王国的西部和北部，以便在时机成熟时，能够在南部边境驻扎大量的军队。塞提一世（Séti Ⅰer）统治下的埃及，夺回了一部分叙利亚领土的控制权，如卡迭石和阿姆鲁，苏庇路里乌玛一世时它们曾是赫梯的势力范围。在靠近即将展开最终大战的地点进行初次交锋后，埃及人成功地保留了叙利亚领土，并与赫梯人确立了领土边界。他们获得了卡迭石南部的领土以及阿姆鲁海岸，而北部地区仍在赫梯人的控制之下。

在危机潜伏的情况下，穆瓦塔利二世的注意力一度转移到内政上，他做出了一个非常重要的决定——把帝国的首都从哈图沙什迁至更南边的奇里乞亚（Cilicia）

地区。他在当地建起一座新城，名为“塔胡恩塔萨”（Tarhuntassa）。其弟、未来的国王哈图西里三世对此做了如下解释：“当我的兄长穆瓦塔利奉守护神之命离开哈图沙什城来到低地时，他把神和亡灵（祖先的灵魂）也带到了塔胡恩塔萨城，并在那里建造了他的府邸。”

迁都肯定是为了在南方集结更多军事力量以应对和埃及的对决，但是后果却是让不断遭受加斯加人骚扰的北方情况更加不利，加斯加人已多次摧毁赫梯首都。虽然王室和众神去了塔胡恩塔萨，哈图沙什也并没有完全被废弃。就如同王国北半部一样，位于哈里斯河上游的哈图沙什依然处于哈图西里三世的统治之下。他的兄弟穆瓦塔利二世因此可以全力从野心勃勃的法老拉美西斯二世领导下的埃及手中收复被占领的领土。决战的时刻临近了。

卡迭石战役

拉美西斯二世登基后的三年间，在处理完国内事务后，为了确保叙利亚附属国的忠诚，他发动了第一次试探性的军事行动。穆瓦塔利二世则调集了大量军队前往边境。埃及史料显示，穆瓦塔利二世共集结了 47500 名士兵和大约 3500 辆战车。公元前 1284 年，在塞提一世统治时期确定的边界上的卡迭石地区（今叙利亚境内的内比-蒙德丘，Tell Nebi Mend），埃及与赫梯之间爆发了决定性的对抗。

埃及史料显示，拉美西斯二世在此战中取得了重大胜利。数座埃及神庙的浮雕都详细描绘了这场胜利，但其真实性无从考证。这很符合埃及人的思维方式，法老作为宇宙平衡的保障者，从来不会打败仗。由于没有其他资料，很难确切知道当时究竟发生了什么。似乎这场战役中没有真正的赢家。但因阻止了敌人前进的脚步，赫梯人从中受益远比埃及人多。赫梯还设法从法老手中夺回了一些领土，如阿姆鲁和阿巴（Aba）。

在穆瓦塔利二世在位的剩余时间里，与埃及的关系依然紧张。双方爆发了一些小规模的战斗。全面的冲突迫在眉睫，但经过卡迭石大战后，双方的实力都有所削弱，谁也不愿意真的发生战争。穆瓦塔利二世死后，其子乌尔希-泰舒卜（Urhi-

拉美西斯二世是否赢得卡迭石战役？

卡迭石战役是赫梯与埃及最后一次大对决，最终以签署近东历史上最全面的和平协定而告终。这场对抗减缓了埃及向叙利亚的扩张，然而拉美西斯二世宣布自己是绝对的胜利者。他在庙宇浮雕上描绘了他对这一事件的阐释。

插图 右图：受阿布辛贝勒（Abou-Simbel）神庙一个浮雕启发的现代派绘画作品；左图：拉美西斯二世与哈图西里三世签署的和平协定的一块石板碎片，来自哈图沙什（现藏于伊斯坦布尔古代东方作品博物馆）。

Teshup）登基（前 1272—前 1267），史称穆尔西里三世。他所做的第一个决定就是重新把首都迁回哈图沙什。

与埃及的和平协定

穆尔西里三世逐步剥夺哈图西里三世在对抗埃及战役中在帝国北部所享有的政治和军事特权。哈图西里三世对侄子的掣肘很不满，他在自传中写道："我让曾空无人烟的国家增加了人口，他却把我赶出了那里，他贬低我……我忍受了 7 年，他却试图利用所谓神意和人类的流言摧毁我。"但事实证明，哈图西里更善于争取赫梯贵族的支持，并成功地将他的侄子幽禁在沙木卡城（Shamukha）。胜利者的编年史写道："就像一头猪被困在猪圈里。"

❶ **卡迭石堡垒** 堡垒周围有宽阔的沟渠，与穿过吊桥的河流相连。

❷ **奥龙特斯河** 卡迭石的城堡矗立在河岸边。一条小运河将它与河流相连，有一块浅滩视涨洪情况可涉水而过。

❸ **赫梯步兵** 赫梯步兵驻扎在奥龙特斯河畔，他们组织严密，为防止埃及军队进攻严阵以待。

❹ **伤亡情况** 河流中满是受伤后溺水的赫梯士兵。其中有一些生还者被他们的同伴从水中救起。

❺ **战役的混乱** 在战争的喧嚣中，我们看到埃及的进攻引发的混乱，以及赫梯人面对拉美西斯二世时的恐惧。

❻ **战争战车** 有些战车上3个乘员。他们分别是驾驶战车的人、武装骑兵和弓箭手。

❼ **赫梯撤退** 面对拉美西斯战车的攻击，惊慌失措的赫梯步兵四散逃逸。许多人溺死于奥龙特斯河中。

公元前1267年，穆尔西里三世流亡到叙利亚境内的努哈什舍（Nuhashshe）。继而，他逃到了埃及，向拉美西斯二世寻求政治庇护。他希望在法老的帮助下夺回王位。在东部，萨尔玛纳萨尔一世（Salmanasar Ier）统治下的亚述政权日渐成为赫梯的威胁。哈图西里三世与周边国王进行几次外交斡旋后，开始了与埃及的谈判，目的是签署和平协定。该协定签署于拉美西斯二世在位的第20年（公元前1269年）。协约规定，两国不会为控制叙利亚而爆发新的冲突。此外，条约的签订迫使拉美西斯二世不得不提防可能来自穆尔西里三世的攻击。埃及统治者通过与哈图西里三世（公元前1256年）之女通婚来巩固这一协定。这场结合被刻在阿布辛贝勒大神庙外保存的一块石碑上。埃及和安纳托利

赫梯与埃及的政治联姻

赫梯国王和埃及法老结成各种以婚姻为纽带的政治联盟。埃及人早先就曾与米坦尼的胡里安人达成这样的协定。文献资料显示，法老图特摩斯四世（Thoutmôsis Ⅳ）曾与米坦尼王阿尔塔塔玛一世（Artatama Ⅰer）之女联姻，但这种结合在两国间并非第一次。

与图特摩斯四世联姻的米坦尼公主极有可能是穆特穆娅（Moutemouia），她是法老阿美诺菲斯三世（Aménophis Ⅲ）之母，根据这场联姻，后者后来支持舒塔尔那二世对抗赫梯。阿美诺菲斯三世娶米坦尼的舒塔尔那王和图什拉塔王之女为妻。他还与米坦尼和巴比伦的其他公主联姻。在苏庇路里乌玛一世上台并对抗法老之前，这种联姻政策在埃及收效甚好，与米坦尼的结盟让法老得以控制赫梯。图坦卡蒙的遗孀曾试图通过与赫梯王子通婚来减缓赫梯的扩张，但是她的未婚夫在前往埃及的途中被刺杀身亡。随后，拉美西斯二世娶赫梯王哈图西里三世之女为妻。这种外交联盟确保了两个王国之间的持久和平。为了长久地维持这些婚姻的政治利益，当夫妻中的一方死亡时，其后代会继续寻找联姻机会。

插图 拉美西斯二世请求与哈图西里三世之女通婚的书信（现藏于巴黎卢浮宫博物馆）。

亚为争夺叙利亚的控制权而长期对立的局面就此结束。

哈图西里三世的继任者图塔利亚四世（前1228—前1209）面临着深刻的内部危机。将哈图西里三世送上王位的贵族要求各种特权作为回报：拥有军队、免税，甚至更大的权力和自主权……此外，帝国还连续遭遇歉收，从而造成粮食短缺，这一情况又因为军队阻挠粮食供应而加剧。文献还提到了人口大量减少和田地废弃的现象。另外，边境也未能免于动荡。在东部，图塔利亚四世面临着图库尔提-尼努尔塔一世的亚述政权威胁，而

卡尔-图库尔提-尼努尔塔（KAR-TUKULTI-NINURTA）（第129页）

亚述君主图库尔提-尼努尔塔一世（前1244—前1208）在中亚述帝国新都城中建造的以自己名字命名的双塔庙遗址鸟瞰图。

在西部，图塔利亚四世则陷入了与卢卡、阿尔萨瓦和米拉旺达（Millawanda）等城邦的不断冲突之中。

正当赫梯危机不断时，亚述于公元前 13 世纪下半叶实现了最大程度的领土扩张。图库尔提-尼努尔塔一世（前 1244—前 1208）在各条战线展开一系列进攻并取得胜利。对西北山区的入侵使他获得了贸易路线的控制权。在东部，图库尔提-尼努尔塔一世攻打图塔利亚四世统治下的赫梯帝国后，获得了 2.8 万名俘虏。然而，他最大的成就是于公元前 1235 年征服了巴比伦，随后驱逐了部分人口，包括其国王卡什提里亚什四世（Kashtiliash Ⅳ）。亚述君主亲自写道："我把他嚣张的脖子当作脚凳一样踩着。我将他俘虏并捆到我主阿舒尔面前。"这是帝国末期亚述统治者的一种普遍做法。

亚述此时达到了实力的巅峰。其帝国南起波斯湾，北临凡湖，西至幼发拉底河。图库尔提-尼努尔塔一世最显著的成就在于，在亚述城对面建起了新首都。他以自己的名字卡尔-图库尔提-尼努尔塔为这座城市命名。该城拥有壮观的三重防御工事，众多宫殿和一座由双塔庙组成的特殊神庙，专门供奉众神之父安努和风暴神阿达德。为了建造它，亚述君主很可能从所控制的贸易路线中调动了财政资源，洗劫包括巴比伦在内的城市，各个战役中成千上万的被驱逐者成为建造所需的劳动力。

帝国的危机

公元前 13 世纪末，中东被赫梯与亚述两大强国控制。但短短几年内，这种政治格局发生了深刻的变化。在赫梯，始于图塔利亚四世时期的危机，在最后两位君主阿尔努旺达三世（前 1209—前 1208）和苏庇路里乌玛二世（前 1207—前 1178）统治期间更加恶化。考古证据表明，在公元前 13 世纪末那段黑暗的年代里，毁灭性的大火吞噬了哈图沙什和其他城市。这场大火是谁放的呢？

答案就在远离安纳托利亚和美索不达米亚的地方，在一场由多种不明原因引起的大迁徙运动中。第一拨移民定居在希腊大陆，然后扩大到整个爱琴海地区直至安纳托利亚海岸，到达包括黎凡特和埃及在内的整个地中海东部。这些入侵者搭乘牛车和船而来，被称为海上民族。他们的到来加速了赫梯的陨落。但是赫梯文化在叙利亚北部的新赫梯王国存在了几个世纪。

而中亚述帝国似乎在其最繁荣的时刻，遭遇了一场突如其来的日食。当然，突然的衰落无疑源于内部，在此之前，这些内部的不稳定因素一直被竭力淡化。亚述的边界确实扩大了，但由于缺乏有效的行政控制，使得边界非常不稳定、不安全。亚述国王刚从战役中得胜归来，新征服的领土就又宣布独立。这种情况在亚述的历史上不断反复上演，也是其主要的阿喀琉斯之踵。图库尔提-尼努尔塔一世死于公元前 1208 年的一场宫廷阴谋，这一事件牵涉到不少亚述贵族和高官，甚至包括他的一个儿子。阴谋者继而陷入了内战，使努力付诸东流。这场内战造成了一段漫长的帝国发展迟缓期，一直持续到公元前 10 世纪末新亚述帝国的出现。

亚述宫廷内部的纷争对巴比伦的喀西特王朝最为有利，在图库尔提-尼努尔塔一世死后，巴比伦王朝在阿达德-舒马-乌苏尔的带领下再现辉煌。事实上，一些书信表明，巴比伦王子对突然被削弱的亚述国王发挥了一定的影响力。公元前 1192 年，阿达德-舒马-乌苏尔在战场上打败了他们。之后，他把一个傀儡送上了亚述王座。但亚述的衰落助长了另一个来自东方的民族——埃兰人的气焰，他们立即表现出统治巴比伦的野心。

这种事早已屡见不鲜。埃兰王温塔什-纳皮里沙（Untash-Napirisha，前 1275—前 1240）早就趁势实施过侵略行径。侵略冒险给他带来了丰厚的战利品，他利用这些财富建起了一座城市——杜尔-温塔什-纳皮里沙，它也是宗教仪式的中心，其中一座宏伟的塔庙被保留至今。公元前 1165 年，舒特鲁克-纳克杭特（Shutruk-Nahhunté）故技重施，在美索不达米亚发动了一场大战，根据他自己的记录，他征服了包括巴比伦在内的 700 多座城市。他把刻在大玄武岩石碑上的《汉谟拉比法典》和纳拉姆-辛的石碑等宝藏带回了另一座埃兰城市苏萨，并把这些宝物献给了埃兰的神。直到 3000 年后，法国考古学家在那里发现了这些宝物，并将它们送往卢浮宫博物馆。

舒特鲁克-纳克杭特登上王位后，其子库提尔-纳克杭特二世（Kutir- Nahhunté Ⅱ）被册封为巴比伦王。当时的一段文字记录，库提尔-纳克杭特二世逼近这座尊

战利品

这件未完成的库杜鲁是在苏萨发掘时发现的，是埃兰王舒特鲁克-纳克杭特（Shutruk-Nahhunté）于公元前1165年征服并摧毁巴比伦后带回首都的战利品。库杜鲁界石以及其他艺术和宗教作品，是战利品中非常重要的一部分。

公元前12世纪（现藏于巴黎卢浮宫博物馆）。

贵的首都，向其居民发出了最后通牒。“我要毁掉你们的城市，洗劫你们的村庄，带走你们的妻子，毁掉你们的菜园，打开你们运河的闸门！”巴比伦人没有屈服，埃兰王子再次入侵并洗劫了这座城市。他甚至俘虏了最后一个喀西特王恩利尔-纳丁-阿赫，并带走了马杜克的雕像。这个插曲标志着美索不达米亚史上历时最长的王朝——喀西特王朝的终结。

经过这一事件，埃兰似乎成了美索不达米亚最大的强国。然而，它的兴趣并不局限于这一地区，还包括今天伊朗的土地。鉴于亚述和巴比伦衰弱的形势，埃兰人认为没有必要对该地区实行全面统治。巴比伦人很快就利用这一机会，在马尔杜克-卡比特-阿赫舒（Marduk-kabit-ahheshu）的推动下，于公元前1154年在伊辛城周围建立了一个新王朝。

然而，巴比伦必须等到这个王朝的第四位国王尼布甲尼撒（Nabuchodonosor，前1126—前1105）登基，才能找回失去的荣光。为了措手不及地打击埃兰，他在仲夏发动了一场伟大的战役。“他在杜穆兹月（7—8月）上路……矛尖像火一样燃烧，路面发出火苗一样的光。河床干涸，溪流排干。强壮的马儿停了下来，年轻马儿的腿也开始摇晃。但是天选的国王得到众神的支持继续前进，所向披靡的尼布甲尼撒不断前进。”得胜后，他拿回了马杜克雕像。在被埃兰人夺走了25年之后，这座雕像又回到了巴比伦神庙中的供奉位置上。

尼布甲尼撒还与亚述王提格拉特-帕拉沙尔一世（Teglath-Phalasa Ier）作战，之后还将军队推进到了埃卡拉图姆城。或许在这种由于军事胜利而产生的兴奋情绪

中，为了庆祝马杜克雕像的回归，巴比伦的《创世之诗》，又称《埃努玛·艾利什》（*Enuma Elish*）应运而生。它后来成为巴比伦的赞歌。这部长篇史诗描述了创世的过程："当天空尚未命名/人间的土地还没有名字。"然后它展示了马杜克是如何登上神殿之巅的："他建造了一个超越其他诸神的王座/在诸神的集会中/安努把马杜克安置在那里。"在诗中，巴比伦也成了典型的圣城。"我要为自己建造一座圣殿/那将是我选择的居所/在其中/我将建立我的圣堂/分配我的居室/在那里建立我的王国。/当你离开阿普苏/前往集会时/那将是你的歇脚处/一同迎接你的到来。/我为它命名：'巴比伦'/'众神的庙宇'/我们其余人在此庆祝。"

国王图塔利亚四世

来自雅兹勒卡亚赫梯神庙的岩石浮雕，右边是赫梯后期的统治者之一，国王图塔利亚四世接受了神沙鲁玛（Sharruma）的拥抱。左边是一把巨大的匕首，其手柄上装饰着两只狮子和一个神的头颅。

带翼的精灵

尼姆鲁德（Nimrud）浮雕，公元前9世纪（现藏于巴黎卢浮宫博物馆）。

插图（右侧） 名为“尼姆鲁德的蒙娜丽莎”（la Mona Lisa de Nimrud）象牙牌。公元前720年（现藏于巴格达伊拉克国家博物馆）。

新亚述帝国

公元前 10 世纪和公元前 9 世纪的君主们带领亚述走向了巅峰。他们建立了一个从波斯湾到托罗斯山脉和埃及三角洲的帝国，在接下来的三个世纪里，他们成为中东的统治者。然而，它的扩张主义政策，仅仅依靠军事力量、洗劫的恐怖政策，这导致帝国在其辉煌的巅峰时期走向灭亡。

在经历了几十年的不稳定和相对缺席中东历史舞台后，亚述随着提格拉特–帕拉沙尔一世（前 1114—前 1076）的上台而重新崛起。新君一登基就开始实行扩张主义政策，致使亚述与几乎所有邻国都发生了冲突。在西北部，亚述试图重新控制繁荣的贸易路线，马匹、木材和铁都经由这些贸易路线输送。近东大部分地区蕴藏丰富的铁矿，而且铁容易加工，是当时使用最广泛的金属。提格拉特–帕拉沙尔一世在腓尼基海岸发起了一场战役，一段铭文中写道：“我继续前进来到阿姆鲁，征服了整个国家。我接受了比布鲁斯、西顿（Sidon）和阿瓦达国家的贡品。”虽然君主确实收到了贡品，但他似乎并没有真正征服这些土地。类似的情况也发生在埃及，法老献给他一只长尾猴和一只鳄鱼。

他最大的成功是反击了巴比伦人的进攻，巴比伦人已经到达埃卡拉图姆，距离亚述首都亚述城只有几公里。提格拉特-帕拉沙尔一世并不满足于驱逐他们，他还一直追击到巴比伦（当时在马尔杜克-南丁-阿赫统治下，前1100—前1083）和该地区的其他城市。他在自己的编年史中对这些功绩津津乐道："我总共征服了42个国家，并俘虏了他们的君主，从遥远山区的小扎布河（Petit Zab，底格里斯河的支流）流域到幼发拉底河的另一边，赫梯国和位于西边的'上面的海[6]'。"史册中有关这一时期的资料非常丰富，因为所有的亚述统治者都留下了他们所行的战役的年表记录。

亚述王亚述-贝尔-卡拉（Assur-Bel-Kala，前1073—前1056）在东方世界依然铿锵有力。一方面，埃及向他献上了与提格拉特-帕拉沙尔一世同样的礼物，以示对古代亚述强国的尊重。另一方面，他与巴比伦王阿达德-阿普拉-伊迪纳（前1069—前1048）签订了契约，按照习俗以通婚的方式加以巩固。至此，资料亡佚，我们没有任何可靠的资料，这种状况一直持续到公元前10世纪中叶。

帝国的衰落部分归因于在美索不达米亚的一个新民族——亚兰人的突然侵入。这些闪族贝都因人长期从叙利亚草原进犯繁荣的美索不达米亚平原。在提格拉特-帕拉沙尔和亚述-贝尔-卡拉时代，这些入侵造成了严重的后果：农田和果园遭到破坏，通信被切断，城市人口外流（亚述人和巴比伦人），人口下降……新来的人口随后在叙利亚西部和上美索不达米亚之间的土地定居。他们在城市周围建立了一些独立的小王国，如哈玛（Hamath）、亚兰-大马士革、比特-阿古西（Bit-Agusi）、比特-阿迪尼（Bit-Adini）、拉克（Laqe）、比特-哈鲁佩（Bit-Halupe）……在这些城市中，亚兰人通过制造和交易贵重商品致富。亚兰人把腓尼基字母运用到本族的语言并使之成为该地区的通用语，这体现了他们在文化和经济上的成功。此

[6] 结合描述和地图以及本书13页萨尔贡大帝的时代对地中海的称谓，猜测此处应指地中海。——译者注

时与亚兰国家并存的还有新赫梯王国：古尔古姆（Gurgum）、塔巴尔（Tabal）、阙（Que）、卡尔凯美什（Karkemish）、马拉蒂亚（Malatya）、比特赞马尼（Bit Zamani）……这些来自已经不复存在的赫梯帝国的王国，基本集中在今土耳其南部和叙利亚北部，与亚兰人共享部分领土。

亚述帝国的重生

面对亚兰人的入侵，追随亚述-贝尔-卡拉的亚述君主们发现自己的影响力逐渐下降。亚述的军事扩张戛然而止。亚述的领土被缩小到最初的边界，一个不到 160 公里乘以 80 公里的区域，构成了“亚述三角”（从亚述城到小扎布河和底格里斯河），在这个三角内的主要城市有亚述城、卡尔-图库尔提-尼努尔塔、埃卡-拉图姆、卡尔库（尼姆鲁德）、巴拉瓦特、尼尼微和杜尔-沙鲁金。尽管资源极度匮乏，我们知道，在这个困难时期，继承王位的国王们保留了中亚述帝国的王朝血统、行政结构和文化特征。正是由于保持了强大的内部凝聚力，亚述才得以在近一个世纪后重建帝国。

亚述在亚述-丹二世（Assur-dan Ⅱ，前 934—前 912）统治下开始崛起。他的军事扩张政策是全方位的，会根据不同的情况采取不同的形式。例如在北方为夺取控制主要资源的贸易路线，他采用了极其残暴的方式，并且毫不犹豫地诉诸亚述历史新时期所特有的残酷方法。他把活捉的敌人剥皮，展示在被征服城市的防御工事上，以此警告所有胆敢以任何方式反对新政权的人。在亚兰人部落繁衍的西部，他的凶残程度也不遑多让。“我打败他们并屠杀了所有的幸存者。我带走了所有的牲畜，烧毁了所有的城市，带走了珍贵的战利品。”在东部和南部，他反而致力于增加自巴比伦边界直至扎格罗斯山脉的人口。该地区自从亚兰人到来后就荒废了，而巴比伦忙于对抗闪族人的入侵，无暇反抗亚述。这些战役使亚述-丹二世为历史学家所称的“新亚述帝国”奠定了基础。

亚述-丹二世的继任者们，阿达德-尼拉里二世（前 911—前 891）和图库尔提-尼努尔塔二世（前 890—前 884）继续推进征服边境居民的铁血政策。他们成功地

古代美索不达米亚的亚述政权

从位于底格里斯河河畔的首都亚述城开始，亚述人通过几个阶段扩大了他们的势力范围。亚述人统治的两个主要时期是中亚述帝国（公元前 14 世纪—公元前 13 世纪）和新亚述帝国（公元前 10 世纪—公元前 8 世纪）。前者君主是亚述-乌巴里特一世和图库尔提-尼努尔塔一世，后者君主为亚述-纳兹帕尔二世（Assur-nazirpal Ⅱ）、萨尔贡二世和亚述巴尼拔。

主要的扩张阶段发生在新亚述帝国时期。其军事、政治和经济实力超过了中东历史记载中的前几代王朝。国王亚述纳兹帕尔二世以洗劫埃兰王国完成了亚述的领土大肆扩张。

插图 在尼姆鲁德的伊什塔尔·沙拉特-菲（Ishtar Sharrat-niphi）神庙里发现的雕像。他手握象征权力的锤矛和一柄用来斩魔的弯刀（现藏于伦敦大英博物馆）。

将亚兰部落远远地限制在幼发拉底河之外，从而明确地将他们驱逐出西部。这使他们重新收回了叙利亚西部这个控制主要贸易路线的关键地区。他们还与巴比伦划定了稳定的边界，与巴比伦国王签订了和平协约，并且通过王朝联姻的方式稳固协定。所有这些军事战役划定了亚述帝国的边界，从此亚述帝国的边界从北边的尼西宾（Nisibin，位于叙利亚-土耳其边界）延伸到南边的西帕尔，从那里沿至幼发拉底河上游，从哈布尔河到扎格罗斯山脉。

❶ **亚述国家**　亚述第一帝国的历史核心地带，位于美索不达米亚北部的底格里斯河岸，是以亚述、尼尼微和埃尔比勒为界的小片领土。新亚述帝国时期，尼姆鲁德加入了这片核心地区。

❷ **埃及**　法老们对亚述的危险性总是心存疑虑，这促使他们在地中海东部海岸煽动起义。公元前671年，亚述人征服了孟斐斯，然后在公元前664年到达底比斯。

❸ **以色列与犹太**　从亚述征服撒马利亚开始，犹太就处于亚述的统治之下，但它与埃及的联盟阻止了亚述对其首都耶路撒冷的洗劫。

❹ **乌拉尔图王国**　亚述的主要马匹供应国，公元前8世纪时成为其在北方的强敌，公元前714年鲁萨一世（Rusaler）统治时期被萨尔贡二世击败。这导致圣城穆萨西尔（Musasir）被洗劫一空。

❺ **巴比伦**　美索不达米亚最负盛名的文化中心，与亚述时友时敌，被辛纳赫里布（Sennachérib）征服后遭焚毁。辛纳赫里布的行为被视作暴行。

❻ **埃兰**　作为巴比伦对抗亚述的传统盟友，埃兰被亚述巴尼拔征服，首都苏萨也被摧毁。这使得亚述实现了最大程度的领土扩张。

宗教信仰幌子下的帝国

图库尔提-尼努尔塔二世的征战，沿途经过南部到哈布尔河，呈现为亚述国王惯常采取的另一种方法：通过展示武力在被征服地区强行征收贡品。在帝国建设阶段，武力和恐吓相结合是两位亚述君主首选的作战方式。这种做法不需要耗费大量的成本进行行政控制就带来了立竿见影的效益，但长远来看却是得不偿失。

亚述人因暴虐和残酷而闻名。他们声称，他们的神阿舒尔命令他在人间的代表——国王，维持和扩大他们的封地。征服其他国家被视为对这位神灵臣服和

新亚述帝国的君主

公元前934年—公元前912年
亚述-丹二世（Assur-dan Ⅱ）
公元前911年—公元前891年
阿达德-尼拉里二世（Adad-nirari Ⅱ）
公元前890年—公元前884年
图库尔提-尼努尔塔二世（Tukulti-Ninurta Ⅱ）
公元前883年—公元前859年
亚述纳兹帕尔二世（Assurnazirpal Ⅱ）
公元前858年—公元前824年
萨尔玛纳萨尔三世（Salmanasar Ⅲ）
公元前823年—公元前811年
沙姆什-阿达德五世（Shamshi-Adad Ⅴ）
公元前810年—公元前783年
阿达德-尼拉里三世（Adad-nirari Ⅲ）
公元前783年—公元前772年
萨尔玛纳萨尔四世（Salmanasar Ⅳ）
公元前772年—公元前755年
亚述-丹三世（Assur-dan Ⅲ）
公元前754年—公元前745年
亚述-尼拉里五世（Assur-nirari Ⅴ）
公元前744年—公元前727年
提格拉特-帕拉沙尔三世（Teglath-Phalasar Ⅲ）
公元前727年—公元前722年
萨尔玛纳萨尔五世（Salmanasar Ⅴ）
公元前722年—公元前705年
萨尔贡二世（Sargon Ⅱ）
公元前705年—公元前681年
辛纳赫里布（Sennachérib）
公元前680年—公元前669年
伊萨哈顿（Esarhaddon）
公元前668年—公元前630年
亚述巴尼拔（Assurbanipal）
公元前630年—公元前627/625年
亚述-艾提尔-伊拉尼（Assur-etil-ilani）
公元前626年
辛-舒姆-利希尔（Sin-shumu-lisir）
公元前626年—公元前612年
辛-沙尔-伊什昆（Sin-shar-ishkun）
公元前611年—公元前609年
亚述-乌巴里特二世（Assur-ouballit Ⅱ）

尼姆鲁德，伟大的宫殿之城

亚述纳兹帕尔二世建立了一个与他的强大帝国相得益彰的新首都：尼姆鲁德。城市面积将近4平方公里。护城墙长8公里，高15米。巨大的工程量耗时50年。

亚述的新首都建在底格里斯河畔，位于公元前13世纪萨尔玛纳萨尔一世建立的卡尔库城的废墟上。这里是最奢华、最负盛名的宫殿和寺庙的所在地。这些宫殿和寺庙大部分集中在西南方向的一座堡垒中。城门和宫门由带翼的人面牛身或人面狮身兽守卫，它们又被称为拉玛苏（aladla-mmu），是善良的精灵和保护神。拉玛苏体形巨大，重达数吨。

插图（右侧） 巨大的拉玛苏石雕守卫着亚述纳兹帕尔二世宫殿大厅的入口，该宫殿现在已经修复并成为博物馆。被称为西北宫的宫殿是城内最重要、规模最大、装饰最豪华的宫殿。右边是尼姆鲁德城堡遗址的现状图。

奉献的行为。亚述人对被征服的人民实行强硬统治，要求社会各阶层绝对忠诚，在众神的见证下，在国王（adu）面前宣誓。例如，伊萨哈顿（Esarhaddon）责成米底国王们“在天地间伟大的神明面前”起誓，认可其子亚述巴尼拔登基成为亚述王。除了礼节性的仪式，这类起誓在中东代表了忠诚的最高表现，并在可能的审判中被用作证据。

图库尔提-尼努尔塔二世的继承人亚述纳兹帕尔二世（前883—前859）所进行

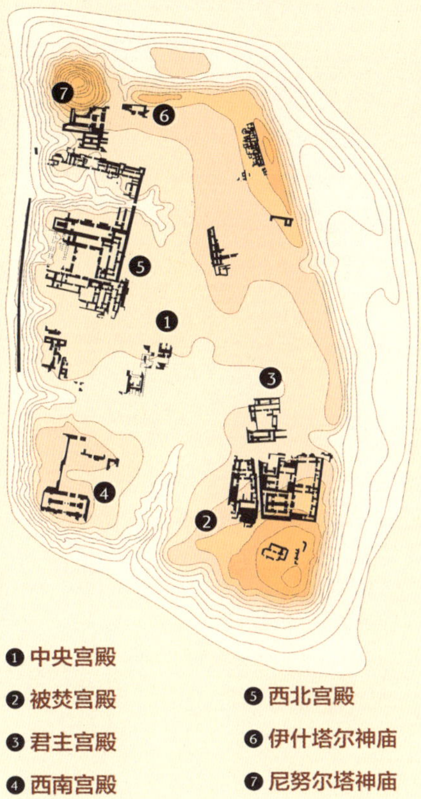

的 14 次战役，给他带来了巨大的收益。例如在针对比特扎玛尼（Bit Zamani）北部国家的军事行动中，他夺取了“装备辎重的 40 辆骑兵部队战车、460 匹马匹、2 塔兰同白银、3 塔兰同黄金、100 塔兰同锡、200 塔兰同青铜、300 塔兰同铁、2000 件青铜罐和器皿、1000 只青铜壶、1000 件五彩图案的麻布衣服、盘子、箱子、用黄金装饰的大理石床、宫廷珍品、2000 头牛、5000 只羊羔，还不算公主和贵族之女带走的丰厚嫁妆”。

王室狩猎图局部
（第 142—143 页）

国王亚述纳兹帕尔二世猎狮场景，来自尼姆鲁德西北宫殿王座室浮雕。公元前 9 世纪（现藏于伦敦大英博物馆）。

黄金服务于艺术

丰厚的战利品使亚述纳兹帕尔二世能够在新都城卡尔库（尼姆鲁德）建造一座伟大的宫殿。他把获得的财富积累起来，投入可以结合所有被征服地区风格的艺术创作中。装饰性浮雕、雕刻和雕塑成为亚述艺术的最高表现形式。它们被用来纪念战役，也被用来表达王室的意识形态或表现与亚述国王生活不可分割的宗教仪式。富有和奢华是亚述纳兹帕尔二世王国的特征。例如，他在卡尔库（Kalkhu）新居的落成宴会邀请了近 70000 人参加就证明了这一点。在持续 10 天的庆典活动中，人们消耗的食物和饮料数量如下：100 头大水牛、1000 只绵羊、15000 只山羊、200 头牛、1000 只鸭子、3000 只鹅、500 只羚羊、30000 只各种禽类、10000 头猪、10000 枚鸡蛋、10000 块面包、10000 杯啤酒、10000 瓶葡萄酒……

亚述纳兹帕尔二世到达地中海地区，迫使亚兰、新赫梯和腓尼基的城市向他进贡。他的编年史有记载："我在大海中冲洗武器祭祀众神。我向沿海的推罗（Tyr）、西顿（Sidon）、比布鲁斯（Byblos）、玛哈勒图（Mahallatu）、麦祖（Maizu）、开祖（Kaizu）、阿姆鲁（Amurru），以及海中岛屿亚拉德城等国王的土地上征收贡品。"

亚述纳兹帕尔二世很可能利用了他之前极端残忍的名声，因为很少有人敢和他对抗。他写道："阿舒尔神啊，亚述的辉煌造成的恐怖让他们感到恐惧。"他的对手发现相比与之对抗，向他纳贡的危险性大大降低。亚述纳兹帕尔二世凭借这些强迫的臣服，统治了从地中海沿岸到幼发拉底河中游和扎格罗斯山脉，东过阿尔比勒斯（Arbeles），北过图善（Tushhan）的广阔领土。亚述人的征服机器在运转，每一个在其路径上的人都付出了代价。

永不满足的萨尔玛纳萨尔三世

亚述纳兹帕尔的继承人萨尔玛纳萨尔三世（前 858—前 824），履行了他对阿舒尔神的职责：他进一步扩大了帝国的边界。在他在位的 35 年里，最少有 31 年用来奔赴各战线作战。就像他所立的许多纪念碑一样，他那极具说服力的编年史，为这

提尔巴西普宫殿壁画

提尔巴西普城（今叙利亚境内的阿赫玛丘）是昔日亚兰人的比特阿迪尼王国的首都。这些壁画来自萨尔玛纳萨尔三世的部队攻占该城后不久建造的宫殿。

这种类型的彩绘装饰是亚述各省宫殿的典型特征，但是只有为数不多的碎片被保存下来。白色灰泥上的绘画取代了新亚述艺术典型的石质浮雕。然而它们有着相同的主题，目的是通过细致描绘复杂的军事行动、英勇的王室狩猎活动，或者宗教场面来颂扬王权，彰显新亚述帝国的力量。壁画颜料提取自不同的天然材料：埃及蓝来自硅酸钙铜、勾勒轮廓用的黑色来自煤炭、红色则是从氧化铁中获得的。

插图 提尔巴西普宫殿的壁画残片，描绘的是被安置在王室宝座后面的两位亚述政要，制作于公元前8世纪至公元前7世纪（现藏于巴黎卢浮宫博物馆）。

些战役留下了有趣的记载。特别是黑色方尖碑描述了以色列国王耶户（Jéhu）战败一事，《圣经》中对此也有叙述。还有巴拉瓦特（Balawat）宫殿的青铜门，它讲述并颂扬国王的军事行动。

西部战线无疑是萨尔玛纳萨尔三世在位期间最棘手之处。新赫梯和亚兰王国阻止亚述人获得与地中海贸易的控制权。亚述人攻打位于幼发拉底河畔的亚兰人王国比特阿迪尼的首都提尔巴西普，离现在的叙利亚和土耳其边境不远，取得了巨大胜利。

萨尔玛纳萨尔三世因此能够建立一个前哨站，以攻击西边的奇里乞亚地区和叙利亚北部的其他王国以及沿海的腓尼基城市。然而他花了 3 年才攻下这座由联军守卫的城市。其中一支联军包括了亚哈统治（Achab）的以色列和澳索尔孔二世（Osorkon Ⅱ）统治下的埃及等众多王国，聚集了多达 70000 名士兵，1900 名骑兵，约 3900 辆战车和 1000 名单峰驼骑兵。战斗发生在卡尔卡尔镇境内的奥龙特斯河畔。国王的史册有如下记载：“我杀了 14000 名战士，我就像阿达德（阿卡德风暴神）爆发风暴时一样袭向他们，我让他们的尸体散落在四面八方，把他们的士兵击溃于平原上。我用他们的尸体把奥龙特斯河从此岸填到彼岸，形同一座桥。”尽管有这样胜利的宣言，但亚述可能并没有成功地统治这个地区。哈马、大马士革等主要城市依然保持独立。

萨尔玛纳萨尔三世继续洗劫并摧毁了该地区次要的城镇。在其中一次突袭中，他又试图夺取大马士革，但没有成功，他让许多王国向他进贡，但没有征服他们。然而，征服并没有把他带到黎凡特之外。在安纳托利亚，军事行动巩固了他的地位，并把他带到年轻的乌拉尔图王国所在的凡湖一带。他还介入了巴比伦的一场王朝冲突，并帮助巴比伦驱逐了亚兰人。这为他赢得了马尔杜克-扎克尔-舒米一世（Marduk-zakir-shumi Ier）统治的南方王国的认可和友谊，萨尔玛纳萨尔三世与之签订了一份由浮雕印证的不朽契约。卡尔-萨尔玛纳萨尔堡垒中的一个石头王座的底座就是以该浮雕做装饰的。

萨尔玛纳萨尔三世的方尖碑

1846年，杰出的考古学家奥斯汀·亨利·雷亚德爵士在尼姆鲁德发现了这座方尖碑，它是为了纪念萨尔玛纳萨尔三世国王的胜利而建立的公共纪念碑。在它的侧面，列举并描述了五场标志性战役。还提到被征服的王国进贡的贡品——骆驼、大象、木材和贵重金属。方尖碑建于公元前827年（现藏于伦敦大英博物馆）。

① **军事胜利** 方尖碑上部和底座上的铭文讲述了萨尔玛纳萨尔三世在位35年的军事胜利。

② **塔庙的象征** 方尖碑上部的梯级让人联想到塔庙的底座。为这座方形建筑物加冕的梯级高1.98米。

③ **异域动物** 大象、猴子、骆驼和犀牛，以及同样具有异国情调的植物，都是献给亚述国王的贡品。

④ **叙述** 方尖碑使用楔形文字描述了每个场景。它还规定了必须向新亚述帝国进贡的村落及其代表的名字。

致敬场景

纪念碑共有二十个致敬场景，分为五个系列，每个系列由四个场景组成，分布在方尖碑的每一侧。每个系列对应一个向亚述朝贡的王国：吉尔扎努（Guilzanu）、奥姆里（Omri）、穆斯里（Musri）、苏库（Sukhu）和克哈廷（Khattin）。

提格拉特–帕拉沙尔三世称霸亚述和巴比伦

提格拉特–帕拉沙尔三世的上台加强了君主对上层贵族的控制，也振兴了国家的军事扩张。这一时期是新亚述帝国。提格拉特–帕拉沙尔三世上位之初进攻南方的亚兰人和迦勒底人，但他尊重巴比伦城。

提格拉特–帕拉沙尔三世的军队所征服的领土被划分为几个省，国王对其行使直接有效的统治。这不仅仅是征收朝贡，更涉及帝国对臣属王国的控制。“省”在美索不达米亚帝国的行政组织中确实是一个新事物。但是，提格拉特–帕拉沙尔三世不想把巴比伦看作一个简单的行省，决定通过二元君主制将其与亚述帝国联系起来。为此，亚述王在巴比伦祭司的祝福下，宣布自己为巴比伦王。提格拉特–帕拉沙尔三世的统治政策中，最为敌人所忌惮的是大规模驱逐。他的这一做法打破了被征服领土的社会凝聚力。右图是提格拉特–帕拉沙尔三世处死敌人的画面，来自提尔巴西普宫殿的一幅壁画，时间约为公元前730年。

插图　提格拉特–帕拉沙尔三世的玄武岩雕像，发现于哈达图（Hadatu），当今叙利亚的阿斯兰–塔什（现藏于阿勒颇国家博物馆）。

内部危机和叛乱

亚述国王们大量的征服运动，使得亚述的贵族阶层越来越富裕。收入的增加促使被征服的领土上出现了一批远离帝国核心及权威的新贵族。在萨尔玛纳萨尔三世统治的最后几年，以及他的继任者沙姆什–阿达德五世（前 823—前 811）统治的最初几年，帝国境内爆发了多次起义，开启了长达 80 年的国内政治危机。其他问题如失去对重要贸易路线的控制，以及数次使国家遭受破坏的疫病等，都导致了形势恶化。

巴比伦同样遭遇了严重的内部危机，曾长达 12 年没有一国之主。在巴比伦人无奈的目光下，亚兰人深入境内，鸠占鹊巢且安之若素。然而，亚述的主要危险来自北方——公元前 8 世纪建都于凡湖东岸图什帕城（Tushpa）的乌拉尔图王国。从萨杜里一世

（Sarduri Ⅰ^{er}，公元前 825 年）统治时期开始，乌拉尔图迅速扩张，北至塞凡湖（lac Sevan），南至穆萨西尔（距尼尼微几十公里），向东扩展到马拉蒂亚，向西扩展到扎格罗斯的帕尔苏亚（Parsua）和米底。

公元前 8 世纪初，亚述陷入了非常困难的境地。位于北部边境逐步壮大的乌拉尔图成为其主要的威胁，随时可以给亚述致命一击。

分而治之

提格拉特-帕拉沙尔三世是一位个性非常鲜明、富有魅力的国王，更是一位优秀的军事战略家，他的执政使国家走出了泥潭。

在提格拉特-帕拉沙尔三世（前 744—前 727）的领导下，亚述大力恢复了征服和领土扩张的道路。新君立即在北方采取军事行

巴拉瓦特（Balawat）宫殿精美的大门

巴拉瓦特[亚述语为伊姆古尔-恩利尔（Imgur-Enlil）]宫殿是萨尔玛纳萨尔三世在其父亚述纳兹帕尔二世建立的同名城市建造的宫殿，有巨大的实木门，门上覆盖了雕刻着浅浮雕的铜板。这些浅浮雕描绘了萨尔玛纳萨尔三世在位前9年的军事行动，以及他所征服的领土向他进贡的场景。每扇门高约7米，宽约两米。两个门扇，门柱以嵌入地面的石头为轴心转动。每个门扇上钉了8块铜片，这些铜片都贴合并包裹了门柱。铜片宽约27厘米，上面的浅浮雕以锤子敲打铜片内侧制成。上方浅浮雕的场景是腓尼基人的船只从提尔岛驶向海岸，运送献给萨尔玛纳萨尔三世的贡品。下方浅浮雕描绘了国王正在接待从卡扎祖城（Khazazu）来的囚犯。这套作品制作于公元前853年（现藏于伦敦大英博物馆）。

装饰材料

美索不达米亚没有任何自然资源（木材、石头、金属……）。然而在北方出产一种劣质大理石，无法用于大型工程，却非常适合装饰性建筑。涂料的使用仅限于住宅内部装饰，只有在行省的皇宫，比如提尔巴西普宫殿，才用作外部装饰。亚述本土并不出产任何金属，但这并不妨碍他们在历史上交易和使用这些材料。巴拉瓦特城门的浮雕和其强大军队的所有武器都体现了亚述工匠的高超技术。

插图　在马赛克墙壁上绘制的两头公牛，萨尔玛纳萨尔三世在尼姆鲁德的宫殿（现藏于伊拉克国家博物馆）。

① **推罗岛** 场景展示了当时还是一座岛的推罗缴纳贡品，萨尔玛纳萨尔三世（不在画面中）正在大陆上等待。

② **推罗国王** 国王及王后（或他的女儿）向亚述人纳贡：青铜罐、盛放贵重物品的托盘或者各种商品。

③ **交通方式** 贡品被装上两艘小船向海岸驶去，船头和船尾都有兽头装饰。

④ **卸载** 搬运工人卸下贡品，一个接一个，把它们带到亚述国王面前。

⑤ **俘虏** 战利品前面，两名双手被捆的俘虏被亚述使者带到队首。

⑥ **介绍** 亚述和推罗的使者走近对面的萨尔玛纳萨尔三世，向他介绍来自推罗城的丰富战利品。

⑦ **致意** 萨尔玛纳萨尔三世在华盖的保护下，展示他的武器，向推罗代表致意并从他手上接过贡品。

⑧ **守卫** 在扛着华盖的政要身后是手持弓与剑的国王亲卫队士兵。

动，延缓了萨都里二世统治下的乌拉尔图的扩张。他收复了叙利亚北部的领土，围攻图什帕，重新控制了北部边境。当乌拉尔图被限定在其自然边界内时，亚述国王并未因此感到满足。他强迫叙利亚的亚兰国家以及沿海的腓尼基城市向他进贡，禁止他们与埃及通商。并非所有的王国都屈从亚述的新权威。哈马、亚珥拔（Arpad）和大马士革等国家成为亚述的行省，但其他国家，如萨马尔（Sam'al）、加沙（Gaza）、犹太和以色列，则取得了“从属国”的地位。提格拉特-帕拉沙尔三世统治着南方的土地，在这片土地上的巴比伦分别受本土王室、亚兰公国与迦勒底人统治，其中本土王室统治区域在首都地区。上述政权曾在埃兰的帮助下宣布独立。亚述君主利用埃兰对巴比伦的干预趁势夺取了统治权。提格拉特-帕拉沙尔三世以普鲁（Poulou）为名加冕为巴比伦王，开创了二元君主制并由他的继承人继承。

然而，他统治的伟大创新，是授予被征服的领土亚述行省的地位，由提格拉特-帕拉沙尔三世任命的总督管辖并负责征税。行省取代了当地的王朝，并从他们新的居住宫殿开始强行推行亚述的文化、习俗和行政管理。帝国不断扩张，各省总督难以控制广大地区，因而激发了新的政策。这一政策在分省的基础上制定，旨在提高行政效率。将传统的 12 个省改组为 25 个省，又新增了 15 个省。

提格拉特-帕拉沙尔三世经常采用亚述统治政策中特有的方法——大规模驱逐政策。这种特殊政策会导致战败民族被同化和情感解体。在帝国需要的地方，驱逐政策还为农业和建筑业提供了丰富的劳动力。《圣经》为这种征服方式提供了佐证：“在以色列王比加（Pekah）的年代，亚述王提格拉特-帕拉沙尔三世来了，夺取了里云（Lyôn）、亚伯-贝特-玛哈（Abel-Bet-Maaka）、亚诺（Yanoah）、基底斯（Qédéch）、哈索（Hatsor）、基列（Galaad）、加利利（Galilée），将这些地方的居民驱逐到亚述。”

合法的王，萨尔贡二世

关于提格拉特-帕拉沙尔三世之子、继承人萨尔玛纳萨尔五世（前 727—前 722）在位期间发生的事件，我们知之甚少。《圣经》讲述了这位君主如何在征服撒马利亚后终结了以色列的独立，使之后来成为亚述的一个省。“于是亚述王的足迹遍及全国，攻打撒马利亚，将之围困了3年。何西阿（Osée）9年，亚述王攻下撒马利亚，将以色列人驱赶到亚述。”萨尔玛纳萨尔五世还以乌鲁莱（Ululaï）为名在巴比伦执政。公元前722年他死于一场宫廷政变。

而阴谋者很有可能就是萨尔贡二世（前722—前705），他也是提格拉特-帕拉沙尔三世之子，是萨尔玛纳萨尔五世的兄弟。萨尔贡二世所采用的名字本身就体现出明显意图："萨尔贡"在阿卡德语中的意思是"合法的国王"，并将自己与公元前3千纪下半叶的阿卡德大君主等同起来。新萨尔贡塑造了一个足以与他的野心相媲美的王朝祖先。他登基时，正值与埃及和埃兰的敌对行动加剧的时期。埃及人想重新控制与腓尼基城市的贸易。

埃兰人声称亚述对伊朗西北部的占领切断了他们的贸易路线，并导致境内出现大量亚述移民。埃及与埃兰两国决定在亚述邻国煽动造反，因为那里的人们也想驱逐亚述人。不久，亚述边境线外就爆发了起义浪潮，黎凡特、哈马连同亚兰国家宣布独立；巴比伦的马尔杜克-阿普拉-伊丁纳二世在埃兰人的支持下自立为王；在中部的土耳其的支持下，北方的乌拉尔图和其他国家也发动了起义。权势滔天的萨尔贡二世面临全面危机，在亚述内部，他的支持者与他那被废黜和刺杀的兄弟的支持者之间发生了激烈对抗。亚述的未来取决于他的应对方式。

面对同时爆发的冲突，萨尔贡二世首先致力于平息领土内部的危机。这耗费了他两年的时间。随后，他把注意力转移到国外，并取得了一定程度的成功。他在卡尔卡尔（Qarqar）成功击溃了哈马的联军，活捉哈马国王并剥了他的皮，如同他崭新豪华的杜尔-沙鲁金宫殿墙壁上的一个场景所描绘的那样。公元前714年，萨尔贡二世在北线战胜了乌拉尔图及其盟军，乌拉尔图国王"用自己的铁剑刺穿了自己的心脏，如同一头猪一样了结了自己的性命"。唯独巴比伦没有在公元前720年的德尔战役中被萨尔贡二世击败，依旧在马尔杜克-阿普拉-伊丁纳的统治下保持独立。公元前710年至公元前705年，亚述王再次达到目的，成为亚述-巴比伦二元君主制的国王。

此时的亚述统治着从伊朗西部到安纳托利亚中部，从波斯湾至地中海的区域。

萨尔贡二世

这幅雪花石膏浅浮雕发现于杜尔-沙鲁金宫殿（豪尔萨巴德），展示了亚述君主在一位政要身旁，这位政要很可能是王储辛那赫里布（现藏于巴黎卢浮宫博物馆）。

插图（右侧） 来自同一宫殿的拉玛苏雕像。这些传说中的生物，公牛或雄狮翼狮负责保护寺庙和宫殿的入口。公元前 8 世纪（现藏于巴黎卢浮宫博物馆）。

因此，它控制了中东的贸易路线。但是萨尔贡二世并没有机会享受他的胜利成果和奢华的新宫殿。强大的辛梅里安人（Cimmériens）阻止了这一切。这支发源自克里米亚和乌克兰的游牧骑兵于公元前 8 世纪中叶翻过高加索山脉来到中东。打败乌拉尔图以后，辛梅里安人一路向弗里吉亚和米底进发，所到之处引发一系列反抗。亚述军队不得不进行武力干涉，萨尔贡二世最终在塔巴尔（Tabal）的战场上阵亡。

萨尔贡二世的首都，杜尔-沙鲁金

萨尔贡二世（前 722—前 705）在距尼尼微北部 15 公里处为帝国建立了新首都——杜尔-沙鲁金，意为“萨尔贡的堡垒”。公元前 707 年，新宫殿落成了，但萨尔贡二世在去世前两年才开始使用这座宫殿。萨尔贡去世后，其子也是继承人的辛纳赫里布再次将亚述首都迁移到尼尼微。

萨尔贡二世希望新都可以全面复制旧都尼姆鲁德，特别是在城市规划方面。

插图 萨尔贡二世在杜尔-沙鲁金主宫殿的浅浮雕（现藏于巴黎卢浮宫博物馆）。❶河运桨船载着贵重的货物驶向杜尔-沙鲁金。❷船上载有来自黎巴嫩的雪松木，用作建造萨尔贡二世在新都的豪华宫殿。❸带翼人首公牛，神话中的拉玛苏，也是亚述人的保护神兽。

插图（右侧） 根据公元19世纪的木版画重建的杜尔-沙鲁金宫殿（现藏于巴黎装饰艺术图书馆）。

帝国的主宰们

太阳神沙马什雕像的碎片，其身份通过尖顶帽确认。发现于萨尔贡二世的杜尔-沙鲁金宫殿。公元前 710 年至公元前 705 年（现藏于伦敦大英博物馆）。

坚不可摧的辛纳赫里布

萨尔贡二世去世后，许多边境领土宣布独立。萨尔贡二世之子辛纳赫里布（前 705—前 681）继任为亚述新王，展开了一场艰难的收复失地运动。南美索不达米亚很可能是最动荡的地区。巴比伦以及黎凡特地区的腓尼基城市和犹太王国在埃及的支持下不断起义，使得这片地区变得最为危险。一份亚述古文献严厉地抨击了他们与埃及的结盟：“你凭借谁的力量反抗我？你所依赖的埃及不过是一根折断的芦苇，会刺穿你靠在它上面的手。”不过在辛纳赫里布统治期间，北方地区并不需要给予特别的军事关注。

❶ **城市要塞** 要塞的周长约为6.7公里，有7个城门。城堡就背靠这道墙，建在城市的西南方。

❷ **塔庙** 塔庙毗邻萨尔贡宫殿，位于城堡地势最高处。它的旁边就是建有多座庙宇、供奉众多神明的宗教中心。

❸ **城堡防御工事** 城堡有两个入口大门。其中一个正对萨尔贡二世宫殿的入口大庭院。

❹ **宫殿群** 宫殿群包括萨尔贡二世的兄弟辛-阿-乌苏尔以及高级官员的府邸，还有公共建筑和仓库。

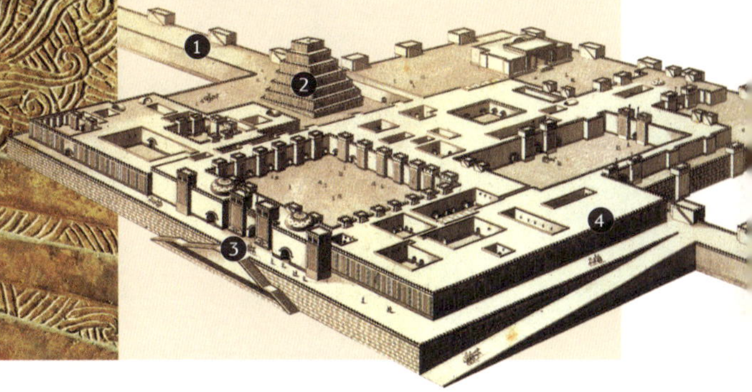

自埃兰流亡归来的马尔杜克-阿普拉-伊丁纳二世加冕后，首先宣告巴比伦独立。辛纳赫里布不得不在基什应对巴比伦和埃兰人的叛军。最终亚述人取得了胜利，并俘获了大量俘虏。

但是马尔杜克-阿普拉-伊丁纳成功逃脱。在亚述人看来，这无疑是懦夫的行为，他们这样评价他："他在战场上罔顾职责，独自逃跑，苟全性命。"马尔杜克-阿普拉-伊丁纳逃往南方广阔的沼泽地避难。辛纳赫里布则扶植了一位在亚述受过教育的巴比伦人登上王位。三年后，马尔杜克-阿普拉-伊丁纳走出藏身之所，开始了新一轮的叛乱，但再次被亚述人镇压。叛乱的君主又一次成功逃脱，只是这次之后再也没有他的消息了。辛纳赫里布的长子成

尼尼微如昙花一现的辉煌

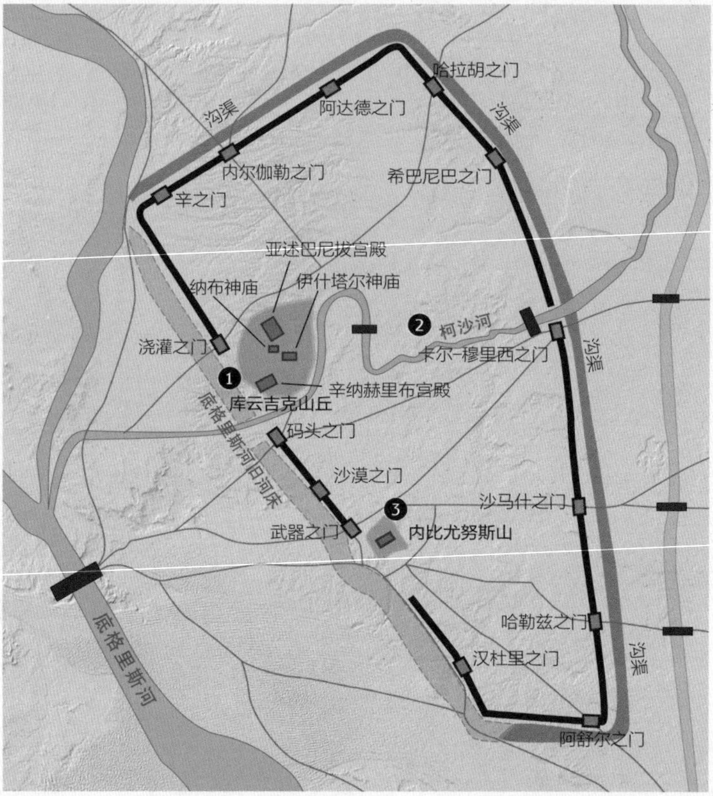

自公元前7世纪起，尼尼微城就有人居住，辛纳赫里布登基伊始，便选择它作为帝国的首都。相比其父萨尔贡二世的杜尔-沙鲁金，辛纳赫里布更喜欢尼尼微。他在此建造宫殿，并称之为“无与伦比的宫殿”。

辛纳赫里布是一位拥有高雅艺术品位的君主，他为自己的宫殿、寺庙、园林、花园、果园配备了新型浇灌系统。他的宫殿是有史以来亚述国王所建造的最大、最豪华的宫殿；就在他的宫殿附近，其孙亚述巴尼拔建造了第二座皇家宫殿。在近一个世纪的时间里，直到公元前612年被米底人和巴比伦人摧毁之前，尼尼微一直是帝国的政治、行政和礼拜仪式之都。❶库云吉克山（Kuyunjik）是辛纳赫里布和亚述巴尼拔的宫殿所在地，两座宫殿分别建在智慧和文字神纳布的神庙和战争女神伊什塔尔的神庙两侧。❷柯沙河（Khosr）穿过尼尼微城流入底格里斯河。❸军火库或军事驻地，由伊萨哈顿建造，位于城市西南的内比尤努斯山（Nebi Yunus）上。

为巴比伦的总督。

南方显然已在控制之下，辛纳赫里布将注意力转向了黎凡特地区。最重要的事件是攻占拉奇什城（Lachish）。这次军事行动在尼尼微宫殿的浮雕上有很详细的描述。尼尼微取代了卡尔库–尼姆鲁德成为亚述的新首都和王室府邸。辛纳赫里布从尼尼微向犹太国王希西家（Ézéchias）派遣密使。

据《旧约》记载，希西家遵循先知以赛亚的神谕，为了封锁亚述人进入耶路撒冷的通道，他宁愿向亚述君主奉上昂贵的贡品。“亚述君主向犹太国王希西家征收300塔兰同白银，30塔兰同黄金。希西家将耶和华祭坛和王室金库的所有金钱都献给他，还把耶和华神殿镶金的门和楣板拆卸下来献给亚述的君主。”

尼尼微城的双重城墙古城

尼尼微的外墙由大型切割石料砌成，上面有阶梯式的垛口和塔楼。内部的土坯砖围墙在高度上超过了外墙。共14座城门，几乎每座都供奉一位神明。

被淹没的巴比伦

虽然耶路撒冷躲过了亚述人的洗劫，但犹太的实力大为减弱，阿什刻隆（Ashqelon）或厄刻龙（Eqron）等大部分腓尼基城市也是如此。这些城市遭受了惨烈的围攻，被迫缴纳沉重的贡税。失去了埃及的支持，它们最终毫无还手之力。这使得辛纳赫里布再次南下，对迦勒底人发动了一场战役，并劫掠了埃兰的部分城市。他离开后，埃兰人发起了反攻，一路打到西帕尔。巴比伦快速响应埃兰人，俘虏了辛纳赫里布的长子后交给他们，这些埃兰人把他带回埃兰并杀害。

辛纳赫里布又一次挥师南下，与叛军在哈鲁勒城（Halule）的对决中战败。这次败北以及儿子被杀，激起了他的怒火，使他做出了难以想象的暴行——摧毁巴比伦。他洗劫了巴比伦，连寺庙也没有放过，杀死了大部分居民。随即，他改变幼发拉底河的河道，令大水流经这座城市，淹没了所有的街道和楼房。“我扫荡并烧毁了这座城市和房屋，大火从地基蔓延到护墙。堡垒和城墙，庙宇和神像，土坯和烧砖建成的塔庙，我把它们统统摧毁，扔进了阿拉图（Arahtu）运河。我在城中挖掘沟渠淹没街道。我毁坏地基，造成了比洪灾还严重的破坏，为的是这个城市、它的神庙和神灵以后都被世人遗忘。我让巴比伦沉入水下，我做到了，并把这里变成一片沼泽。”接下来，辛纳赫里布希望能够确保西线的安全。

正如埃兰是当初巴比伦背后的支持者，埃及是黎凡特地区起义不断的幕后主使，辛纳赫里布决定攻克埃及。他的军队在尼罗河边境被击溃。《旧约》将这一事件描述为犹太人的神耶和华的复仇，为的是洗刷耶路撒冷被夺和神殿宝藏被盗之仇。“那天夜里，耶和华的天使出去，在亚述人的军营里杀死了 18.5 万人，第二天清晨人们醒来，看到了遍地尸首。于是亚述王辛纳赫里布离开这里，返回尼尼微。”但是美索不达米亚诸神不想让巴比伦的毁灭者免于惩罚。在尼尼微的纳布神庙中，辛纳赫里布被他的一个或者几个儿子刺杀了。

阋墙之争

辛纳赫里布的长子在埃兰被杀，新的王位继承人迟迟没有确定。辛纳赫里布本人倾向于选择他最年轻的小儿子——伊萨哈顿（Esarhaddon）。

神圣的传统——皇室狩猎

在亚述，猎狮是国王的传统保留活动。这既是他应履行的职责，也是权力的象征。国王可以凭借狩猎时的英勇表现向众神寻求支持，从而加强对臣民的统治。

在古代美索不达米亚，猎杀狮子、公牛或大象等野生动物，是一项极为普遍的活动。狩猎时可以步行也可以使用战车，狩猎者的主要装备是弓箭。如果是大规模的皇家狩猎活动，可以杀死数百头动物。包括书面文字或墙面浮雕在内的众多资料——不论是记述性的还是史诗般的——都证明了这项活动对亚述君主的重要性。有些资料甚至暗示，为了方便国王完成任务，人们会先活捉某些猎物，然后再释放。波斯人宫殿中的许多浮雕都表明，他们延续了皇家狩猎的传统。

插图 尼尼微城的亚述巴尼拔宫殿浮雕细节图。该浮雕生动地再现了狩猎的场景。我们看到，国王一剑刺死了一头直立站起的狮子，狮子头部已中箭受伤。制作于公元前7世纪（现藏于伦敦大英博物馆）。

年长的王子们无法接受这一决定，便谋杀了辛纳赫里布，但他们随即陷入另一场血腥的权力斗争。伊萨哈顿在一处安全之地待了一段时间后，决定返回尼尼微加入战团。他取得了人民和军队的支持，他的兄长们则最终逃往乌拉尔图。伊萨哈顿于公元前680年加冕为王。

伊萨哈顿重新统一亚述，他的首要举措就是下令重建巴比伦。这项任务占据了他的整个执政期，耗费大量的后勤力量和财力，但是他赢得了巴比伦人，甚至是埃兰人的尊重和忠诚，从而结束了南方的长期敌对状态。

伊萨哈顿踏入埃及

亚述的真正敌人是位于帝国另一端的埃及，此时它又在煽动附近省份的暴动。伊萨哈顿决定结束这场无休止的冲突。在前往埃及的途中，他征服了富裕的腓尼基城市西顿和推罗，迫使他们缴纳沉重的贡税，并将那里的许多居民驱逐出境。伊萨哈顿在腓尼基安排了亚述人总督，将该地区变为亚述的一个省。伊萨哈顿此举是试图在深入敌境前确保后方的安全。

然而，其他事件迫使他推迟了对埃及的远征。在北方，有几支斯基泰人（Scythes）先后穿过高加索地区进入边境，联合已经在小亚细亚和伊朗定居的辛梅里安人，发动了几次进攻，威胁到亚述的北部边界，迫使伊萨哈顿不得不进行干预。声势浩大的亚述军队轻松击退了入侵者。这场冲突最终得到了和平解决，辛梅里安国王娶了伊萨哈顿的一个女儿来巩固这场和平。在东部，伊萨哈顿也实施了军事与外交相结合的策略，因为那里的米底人已经构成真正的威胁。公元前671年，亚述君主终于做好攻打埃及的准备。

当时的埃及处于第二十五王朝法老的统治下，他们因出身努比亚而被埃及人民视作外来者。伊萨哈顿以为自己会被奉为解放者而受到欢迎。与阿拉伯人达成协议后，他穿过西奈半岛来到尼罗河三角洲地区，途中没有遭遇任何抵抗。但他并没有享受到想象中的欢迎，埃及人非但没有向他俯首称臣，反而组建了一支强大的军队与之对抗。“日复一日，连续十五天，我与埃及和库施（Cush）的王塔哈尔卡（Taharqa）——这位受到众神诅咒的王——血战不休。”最后，这位勇猛如战士的

国王讲述道，“我围攻了埃及王室所在地孟斐斯，利用炸药、墙的缺口和云梯于中午时分将其攻陷。塔哈尔卡的王后和后宫的嫔妃、第一顺位继承人乌尔珊纳胡鲁（Urshanahuru）以及其他子嗣和财产，都被我当作战利品带回亚述”。此外，伊萨哈顿还驱逐了大量的埃及人，在三角洲地区设立了总督和监管人员，并对居民征收贡品。

亚述巴尼拔

伟大的亚述君主伫立于皇家战车上，巡视军队。尼尼微城亚述巴尼拔宫殿御座厅的浮雕碎片。公元前 7 世纪（现藏于伦敦大英博物馆）。

亚述巴尼拔：绝对的主宰

伊萨哈顿返回尼尼微后，逃到底比斯的法老塔哈尔卡重新征服了孟斐斯。公元前 669 年，他在尼罗河三角洲地区再次组织了暴动。伊萨哈顿又一次奔赴战场，但在中途病倒去世。继承人将为其实现定下的目标。

尼尼微图书馆，美索不达米亚的知识宝库

亚述巴尼拔统治时期，亚述不仅是一个军事强国，它在文化和艺术领域也大放异彩。由萨尔贡二世建造并经亚述巴尼拔扩建的尼尼微亚述巴尼拔宫殿的大型图书馆，极佳地体现了这种影响。在此发现的 20000 多块泥板，构成了当世已知最大的楔形文字收藏。

亚述巴尼拔图书馆是世界上最早系统地组织藏书的图书馆。这些泥板图书中包括诸如《吉尔伽美什史诗》和《埃努玛·艾利什》（巴比伦的创世史诗）等美索不达米亚文学的基本作品。它的馆藏还包括字典、行政文件、天文学、占星术和礼仪仪式的文本，以及对预言的解读。亚述巴尼拔接受过艺术和科学方面的教育，是一位博学多才的国王。为了将知识集中于统一之处，他命令官员前往帝国的主要城市抄写和收集记载了美索不达米亚各类知识的泥板。公元前612年，巴比伦和米底摧毁了尼尼微城，导致这座古代最大的图书馆中的大部分收藏遗失。

插图 尼尼微的亚述巴尼拔图书馆的同义词词典（现藏于巴黎卢浮宫博物馆）。

由于王位继承经常引发内斗，伊萨哈顿吸取教训，早在几年前就解决了继承人的问题。他向世人昭告了亚述巴尼拔为合法的继承人。“在你的主人、亚述王伊萨哈顿去世的那一天，伟大的王子、指定的继承人、你的主人伊萨哈顿之子，将成为你的国王和新主人。”他要臣民发誓：“你们要听从他的一切命令，不得牺牲他另觅他主。”亚述巴尼拔于公元前 668 年登上了王位，没有与他的兄弟沙马什–舒姆–乌金（Shamash- shum-ukin）发生任何冲突。为建立双王朝，伊萨哈顿曾加冕沙马什–舒姆–乌金为巴比伦国王。尽管巴比伦国王在政治上受亚述王管辖，该策略还是取得了积极效果，开启了亚述与巴比伦之间长达 16 年的和平期。在巴比伦，城市和宗教中心得到持续重建。被亚述巴尼拔的祖父带

提尔–图巴战役

（第 165 页）

这场战役后，亚述巴尼拔攻占了埃兰城市哈曼努（Hamanu）。尼尼微的亚述巴尼拔宫殿的浮雕细节，可以看到亚述士兵正在拆除城市的防御工事，并指挥战俘搬运战利品。

公元前 7 世纪（现藏于伦敦大英博物馆）。

一场血腥而值得庆祝的胜利

尼尼微的亚述巴尼拔宫殿的装饰，主要描绘了国王最喜欢的两个主题——军功和狩猎。

公元前653年，亚述巴尼拔国王在提尔-图巴山丘赢得了其在位时对埃兰军队最重要的一场战役。这场战役非常血腥。强大且有训练有素的亚述军队拥有骑兵和战车部队。埃兰士兵从山坡一路撤退到乌莱河后被杀死。埃兰国王特乌曼战败求饶但仍被砍头，他的首级被从战场带回尼尼微。经过几年的时间，亚述帝国占领并洗劫了美索不达米亚南部所有的埃兰国家，蹂躏了其首都苏萨。亚述军队实施了残酷的报复，他们摧毁了神庙，亵渎埃兰国王的坟墓，并在田地里撒盐使其无法耕种。自此，亚述巴尼拔带领新亚述帝国实现了最大程度的领土扩张。

插图 名为“花园宴会”（Fête dans le jardin）的浮雕，再现了战胜埃兰人的庆祝活动。公元前645年左右（现藏于伦敦大英博物馆）。

❶ **花园** 宴会在各种郁郁葱葱的植物中进行。

❷ **竖琴演奏者** 乐师怀抱制作精良的琴，用旋律为庆祝活动注入活力。

❸ **敌人** 战败的埃兰国王特乌曼的首级悬挂在一棵树上。

走的包括马杜克在内的诸神雕像，终于被送回巴比伦人民手中。然而，亚述巴尼拔不得不暂且放下这些值得称道的功绩，重新投入征服埃及的战役中，以完成父亲未竟的事业。

公元前 667 年，两国的第一次对决发生在孟斐斯，亚述军队击败了塔哈尔卡，但塔哈尔卡再次设法逃往南方。亚述巴尼拔下令追击，但是亚述军队在前往底比斯的途中不得不折返，以应对亚述在三角洲地区的诸侯、埃及王子的叛乱。重新控制这一地区后，亚述人迅速且高效地惩罚了埃及人的不忠：“……没有一个人能逃脱，他们的身体被刺穿，剥下来的人皮被钉在城市的防御工事上。”按照惯例，幸存者被驱逐出境。无情的亚述巴尼拔在其编年史中对驱逐的场景做了如下描述：“……在尼尼微，他们被带到

❹ **皇室总管** 在宴席上为国王和王后服务，为他们推荐各种菜肴。

❺ **国王** 亚述巴尼拔躺在葡萄架下的席位上，啜饮胜利的美酒。

❻ **王后** 阿苏尔-沙拉特，亚述巴尼拔的妻子，坐在国王对面与他分享食物。

❼ **仆从** 众多仆从分列在国王和王后两侧，努力迎合他们的喜好。

我的面前。我怜悯尼科（Néchao）并饶他一命。”三角洲塞伊斯城（Saïs）的王子尼科返回埃及后，成为亚述在埃及的总督。

三年后，即公元前 663 年，塔哈尔卡法老去世，其子塔努塔蒙（Tanoutamon）继位。塔努塔蒙决心恢复埃及的独立和统一，从努比亚向孟斐斯进军，在那里他与尼科的驻军对决。作为上埃及首都的底比斯防御非常薄弱，亚述巴尼拔趁机派兵攻打。公元前 664 年[7]，底比斯被洗劫一空并遭焚毁。无数精美绝伦的珍贵战利品被移交到尼尼微。埃及从此成为新亚述帝国的一部分。虽然这种情况只持续了很短的时间，但这场胜利产生了多米诺效应：黎凡特的 20 多个城市匆忙与中东的新主人重新结盟。

[7] 原文如此。——译者注

埃兰王国的终结

埃及问题得到解决后，其他事务又引起了亚述国王的关注。辛梅里安人不断威胁，放言进犯安纳托利亚的众王国，特别是吕底亚。吕底亚国王基格斯（Gygès）惊恐之下，向亚述巴尼拔求助。对这一遥远且几乎未知的王国的请求，亚述君主做出了积极回应。但基格斯后来却背叛了他，支持埃及人起义，反对亚述的统治。

亚述的邻国埃兰则自立国之初就决意阻碍亚述的扩张。亚述巴尼拔大为恼火，因此决定给其重重一击。当时的埃兰国王特乌曼（Teumman）是一位篡权之王，他很快打败了亚述。但公元前653年，双方在埃兰首都苏萨西北方的提尔-图巴（Til Tuba）具有战略地位的山丘上爆发了一场血腥战役。埃兰国王战败，并被砍下了头颅。他的首级被悬挂在亚述巴尼拔花园中的一棵树上，尼尼微亚述皇宫中的一幅浮雕以毫不掩饰的骄傲描述了这一场景："我砍下特乌曼这个散播恶意的、傲慢的国王的头颅。我屠杀了他的大量士兵，捉拿了活着的士兵，他们像无刺的灌木和无骨的骆驼一样孱弱，我把他们的尸首散布于苏萨城的各个角落，让他们的鲜血流入乌莱河（Ulaï）。"埃兰王国暂时保持了完整，但是彻底瓦解已不可避免。

同年，令人不安的消息传到亚述宫廷：在埃及，塞伊斯城的总督尼科之子普萨美提克（Psammétique）在吕底亚的基格斯雇佣兵的帮助下发起了叛乱。普萨美提克驱逐了亚述人，重新获得了独立。此时的亚述巴尼拔因与埃兰的冲突而分身乏术，亚述就此彻底失去了埃及。

巴比伦的反叛

南方的巴比伦曾是和平的典范，如今也决定摆脱亚述的桎梏。巴比伦国王沙马什-舒姆-乌金厌倦了做其兄弟的附庸，要求自立。他关闭了通往亚述的城门。这一出乎意料的举动引起了真正的内战。亚述巴尼拔对幕后主导的身份深信不疑："当时我帮助了沙马什-舒姆-乌金，将他推上巴比伦王位并给予他想要的王权。但是这个背信弃义的兄弟却忘记了我所有的善行，阴谋反对我。"

但是巴比伦人并不孤单。他们与阿拉伯人、犹太人、腓尼基人、迦勒底人，以及被亚述人羞辱的埃兰人等缔结了同盟。这场冲突持续了三年之久。战斗是血腥的，而围城更是致命的。一部编年史中提到，阿卡德的居民“如此饥饿，甚至吃掉了自己儿女的肉”。

巴比伦最终于公元前 648 年被征服。传说沙马什-舒姆-乌金在他的宫殿中自焚而死。亚述巴尼拔推举坎达拉努（Kandalanu）取而代之，成为巴比伦的新王。有些记载认为他是亚述巴尼拔的一个兄弟，也有人认为他是一位将军，甚至还有人说他是亚述巴尼拔本人。

所有联军也都被击溃。公元前 648 年，亚述巴尼拔对战阿拉伯人的战役非常著名。阿拉伯士兵被困在沙漠，断绝了水源，不得不杀死骆驼饮血以免渴死，他们最终不敌投降。埃兰人的幸运也结束了：两年后，他们目睹亚述军队洗劫了整个国家及其首都苏萨。

表面的胜利

亚述巴尼拔表示，不尊重被征服埃兰城市的一切：“我要毁掉埃兰的神庙，让它们不复存在。埃兰的国王，不论是古代的还是如今的，只要他们没有向阿舒尔和伊什塔尔低头，只要他们曾经让我的祖先战栗，我就要毁掉他们的坟墓，令其暴晒于阳光下，我要把他们的骨骸带回亚述，无休止地惩罚他们的灵魂。我拒绝给他们献祭食品和酒水。”亚述巴尼拔还特意记述了对整个国家的蹂躏：“我用一个月二十五天的时间摧毁了埃兰，我在他们的田间洒下盐和杂草种子，让人类与牲口销声匿迹。”他用这种方式彻底消除了埃兰人的威胁。

在去世的三年前，亚述巴尼拔决定解决继承权问题，将他的儿子亚述-艾提尔-伊拉尼（Ashur-etil-ilani，前 630—前 627/625）送上王位。这位伟大的君主留给亚述人一个有史以来疆域最广阔的帝国，似乎无人可与之相抗衡了。

事实上，敌人并未消失。亚述已经失去了对腓尼基海岸一些城市的控制和巴比伦的信任。被征服和摧毁的埃兰因权力的空缺引来米底人的觊觎，作为中东政治舞台的新秀，他们的威胁越来越大。安纳托利亚和乌拉尔图的附属国持续不断地遭受辛梅里安人的入侵。整个帝国大厦如同一座即将倾覆的沙堡，只是这一次再也无法重生。

档案：一切为了战争

新亚述帝国以军力强盛著称，这使得帝国可以统治辽阔的疆域。但地域过于广阔不便实行有效统治，它的崩溃也是致命的。

在亚述，乃至整个古代中东地区，战争最初是一项夏季活动，因为亚述经济以农业为主。大多数人在田间劳作，5 月到 6 月末是收获的季节，收获结束后，农民才能被招募入伍参与战事。粮仓里堆满了粮食，可以保障整个战争期

为征服而掠夺

指公元前 2 千纪的亚述国王们全面侵占了被征服城市的财产。这些战利品主要应用于新的战争。

插图 犹太王国拉奇什（Lachish）神庙的金匾（现藏于耶路撒冷以色列博物馆）。

令人垂涎的飞地

新亚述帝国为了公然掠夺其他民族而不断挑起战争。征服不可避免地涉及对货物贸易和自然资源的控制，因此拿下梅吉多或卡迭石等集中了众多贸易路线的商业飞地非常重要。

插图 上图：梅吉多遗址的鸟瞰图，也是曾统治黎凡特地区的各帝国之间的著名战役战场。正是它的战略位置为它“赢得”了这种可悲的特权。左图：乌莱河战役中亚述巴尼拔的军队对阵埃兰士兵的浮雕。埃兰士兵全面溃散，从提尔-图巴的山丘四散逃离。制作于公元前7世纪，属于尼尼微西南宫（现藏于伦敦大英博物馆）。

间的粮食供应。此外，河床干涸也更方便渡河。最后，夏季在山区行军不会因为积雪而延缓行军的速度。

在亚述历史上的大部分时间里，这种年度军事活动持续维持这一节奏，但随着新亚述帝国的崛起，战争更加频繁，也扩展到更广大的范围。

军事行动的次数增加到每年三到四次。这一变化促使军队进行了结构调整。在此之前，亚述农民和来自各省的辅助部队并非永久性军队，只有高级军官和某些特殊部队的成员是职业军人。

军队职业化

随着萨尔玛纳萨尔三世（Salmanasar Ⅲ），尤其是提格拉特-帕拉沙尔三世登基后，军队发生了深刻的变化，成了一支职业军队。名为基西尔-沙鲁提（kisir sharruti）的常备军主要由帝国各省的士兵组成，是一支全年可随时调动的步兵团。

历史上第一支骑兵

提格拉特-帕拉沙尔一世（前1114—前1076）时期，亚述人首次在军队中设立了专门的骑兵团，但是其最早的图示资料出现在图库尔提-尼努尔塔二世（前890—前884）统治时期。亚述巴尼拔（前668—前630）时期，骑兵团已经是军队中最优秀的兵种，由多达1000人的编队组成。但是这支部队缺少马匹。为了获得马匹，亚述人试图征服斯基泰人、米底人和波斯人等主要养马的民族。

其余亚述人必须服从亚述王，并在需要时补充这支部队。常备军的人数从公元前9世纪的1.5万人左右，增长到公元前7世纪的7.5万人。

军队的领导权归属亚述国王，作为最高军事长官，亚述国王受骑兵、战车和步兵组成的皇家骑兵队（qurubti sha sepe）保护。各种年鉴、编年史以及大量浮雕证实，国王在战场上也会积极参与战斗。展示勇气是国王职责的一部分。然而，正如参与猎狮时那样，国王的安全也不应存在任何风险。如果国王不能亲自上战场，他就会把权力下放给名为“特塔努”（turtanu）的元帅，作战中他们分别位于部队的左右两侧。高级军官职位属于亚述贵族，他们领导骑兵和战车部队。

军队组织的确切细节仍然鲜为人知。据说军队以每1000、500和100个士兵为一个单位，分布在步兵团、战车部队和骑兵团三个主力部队，所有部队都配有特别小队。步兵团（zuk 或 zuk shepi）包括弓箭手、长矛手、投石手和骑手，是人数最多的军团。弓箭手是装备最完备，也是最令人畏惧的部队，因其高效且致命，常被安排做先锋。弓箭的最大射程在 650 米左右，弓箭手采用协作作战模式。考虑到敌人的防御工事，通常由一名弓箭手和一名骑手结成对子前进：当弓箭手射箭时，他的同伴用亚述人特有的大圆盾保护他，该场景在第 175 页的浮雕上可以看到。

使用这种战术能够在完全安全的情况下，尽可能地接近目标。弓箭手还可与投石手一起行动：在石头的攻击下，敌方士兵别无选择，只能举起盾牌来保护自己；这样他们就更容易受到亚述弓箭的攻击。步兵还包括长矛兵和装备有剑和圆盾的士兵。假如步兵团成为军队主体，那么骑兵将在其中占据主导地位。在图库尔提–尼努尔塔二世时代，军队的规模还比较初级，其后发展迅猛，甚至组成了 1000 人的骑兵团，能够单独行动或在战车部队的协助下行动。骑兵团的速度和力量使他们成为军队中最强大的王牌。战车部队起初是一种可承载两到三名士兵的轻型快速战车，后来体积变得更为庞大，可承载 4 名士兵。

这种变化使战车在行进速度上有所欠缺，但反应更为灵活。在某些战斗中，它们还被用作射击的炮台；或者因其体积庞大可造成相当大的破坏而被用作冲击武器。

亚述军队也因其攻城器械而闻名。相比于耗时、耗资源和兵力的围城战，首领们更喜欢在空地上进行赤膊战。在没有其他选择的情况下，他们就会动用攻城兵。攻城兵建造木质和土质的坡道，供羊头撞锤、攻城塔、云梯等攻城器械通过。这样就可以继续进攻而避免了来自防御工事顶部守城方的攻击。一旦攻下城池，工兵就会摧毁整个防御工事和其他防御设施。这种釜底抽薪的做法可以预防反叛和抵抗活动的发生。

联姻，否则行使恐怖政策

只要提到亚述军队，就会在敌人中引起恐慌。但是亚述的君主们在诉诸最野蛮的手段前，都会先尝试旨在达成宣誓效忠的外交解决方案。这种宣誓往往通过王朝联姻来稳固。通常是当地国王的女儿嫁给亚述国王，但也有亚述公主下嫁的情况出现。当联姻者去世时，需要王室的其他成员继续缔结婚约。如果和平解决的尝试失败了，亚述会有选择地发动军事行动，即直接攻打敌国的首都以迫使整个国家投降。假如两种策略都不奏效，亚述就会采取第三种方式。亚述军队将施展恐怖手段，选择敌国境内的一座小城市进行围攻，一旦攻下就展开破坏。亚述士兵们在城内放火并犯下各种暴行：把敌人斩首、开膛破肚、截肢、强奸、施以桩刑，挖掉他们的眼珠，在城墙上展示被活剥的人皮，把刺穿的尸体摆放在道路两旁，把斩下的首级挂在木桩或活人的脖子上……这种野蛮的行径旨在给其他城市的居民带来不可磨灭的恐惧。当这种可怕的新末日景象传播开去，其他城市就会迫不及待地开门请求施暴者的宽恕，并迎接这些可怕的新主人。

战略性驱逐

在入侵并征服一块土地后，亚述人会将当地人驱逐出境。这样做是为了防止叛乱，显然在当时的背景下，叛乱时常发生。这是一种古老的策略，但是在新亚述帝国时期，它的规模极大地增长了。不仅被驱逐人口的数量增加了，放逐地距离他们的故土也更远。根据亚述人的史册记载，当时被放逐的人口至少有 120 万人，仅辛纳赫里布在位时期就流放了 40.8 万人。

许多被驱逐者并未抵达流放地，因为他们在前往新土的长途跋涉中或死亡，或逃跑了。被流放的人员主要是贵族精英，例如，当地国王的儿子或者有影响力的贵族；又或者是地位较高的人，比如文士、工匠、技师或者商人。其余人则充当帝国的劳动力，他们中的许多人受雇于田间，替代被征召参加日益频繁的军事行动的亚述农民，或被调往帝国的主要建筑工地劳作。

最初，被驱逐者没有被当作奴隶对待：一旦在亚述领土上定居，他们就会像其他劳动者一样成为亚述的臣民，可以拥有土地，并享有同其他人一样的权利。从辛纳赫里布统治时期开始，被驱逐者才被视为战利品，并经常被作为奴隶出售。

不留遗憾

驱逐出境不是简单地将一群人从一个地方转移到另一个地方。亚述人通常会采用“交换驱逐”（déportation croisée）的方式，即选择距离遥远的两个地区的人口

围城：残酷的战略

美索不达米亚的城市受宏伟的土坯防御工事保护，这些防御工事拥有高大的防御塔楼和配备钩爪的城门，以防止大队人马攻入。要想夺取这些据点，需要漫长而艰苦的围城。进攻者须采取连续进攻和切断水源及粮草相结合的策略，以迫使被围困的城市投降。亚述人是设计围城器械方面真正的专家。他们把器械的构件带到现场，在敌人的堡垒前组装。他们有不同型号的木质战车，战车覆盖着兽皮并配备长矛，还有可以把器械升起的木质或者土质斜坡。

围城与进攻 根据描绘围攻犹太王国的拉奇什城的浮雕制作的复原图，我们可以看到亚述人为升起战争器械而建造的巨大斜坡。

❶ **部队先锋** 弓箭手和长矛手从城墙的底部向城市进攻。其他士兵在墙上架设云梯以继续进攻。

❷ **大圆盾** 一个半跪的士兵在大圆盾的掩护下，摧毁了城墙底部。使用大圆盾防御是亚述人作战的特征。

❸ **防御方** 一名守城者被亚述人的弓箭射中后跌落摔死，与此同时，一名亚述士兵正放火烧木质的城门。

插图 亚述巴尼拔的军队进攻埃及。尼尼微城北宫殿的御座厅浮雕。公元前7世纪（现藏于伦敦大英博物馆）。

❹ **弓箭手** 在大圆盾的保护下，亚述军队最令人畏惧和最顽强的弓箭手部队对着塔顶守卫的防御者射箭。

❺ **战俘** 有黑人特征的妇女和男性一同被驱赶出城市。他们的面庞和衣着显示他们拥有非洲血统。这个细节表明，这是一次对埃及城市的围攻。

❻ **流放犯** 亚述士兵把敌人的头颅当作令人畏惧的战利品挥舞，他们聚拢即将被驱逐到远离家乡之地的俘虏队伍。

❼ **体罚** 一名亚述狱卒挥动着木棍，强迫流放犯往前走。征服者军队的军人身形比其他人更高大些。

❽ **尼罗河** 作为古埃及的生命之源和历史参与者，尼罗河经常出现在浮雕里，作为城市被占领和摧毁的见证。

有效的威慑性宣传

毫无疑问，新亚述人对敌人实行的恐怖手段，是他们几个世纪以来声誉不佳的主要原因之一。他们的艺术作品充分证明了这一点。在宫殿的浮雕上，我们看到极度暴力的场面，浮雕描述了他们如何残酷对待被征服的人口。这里包括各种各样的体罚：殴打、鞭笞、斩首，还有无情的折磨——如截肢、桩刑、剥皮和亵渎尸体等。亚述人是否真的实施过此类暴行呢？他们很有可能存在一些严刑拷打的行为，但浮雕所展示的这类暴行似乎只是偶尔为之。他们大多在小城镇使用恐怖手段，以警告那些拒绝服从的敌人。宫殿浮雕上对惩罚的无情写实描述，恐怕是为了震慑所有可能产生挣脱亚述枷锁想法的人。

插图 描绘乌莱河战役中亚述巴尼拔军队对战埃兰士兵的浮雕碎片。在这个场景中，埃兰人的盟友甘布勒人（Gambuléen）被迫实施一种特别可怕的做法：由他们亲自打碎自己祖先的尸骨。尼尼微城西南宫。公元前 7 世纪（现藏于伦敦大英博物馆）。

攻城器械浮雕　描绘了亚述纳兹帕尔二世使用过的攻城器械。尼姆鲁德西北宫，公元前 9 世纪（现藏于伦敦大英博物馆）。

互换居住地。其目的是打破那些突然遭逢家国破碎的人民的民族统一和文化认同感。这是一种非常有效地消灭抵抗的方式。

这种做法使得建立广阔的亚述帝国成为可能，但也同样造成了帝国的衰落。

辽阔的疆域给偏远地区的总督在行政和军事管理上带来麻烦，亚述中心城市和附属省份的城市间战利品分配不均，引起了内部的竞争和关系紧张。此外，曾经的敌军被编入亚述军队后，也并未表现出绝对的忠诚。

亚述人没有预见到危险。正是上述危机导致帝国迅速衰落，并最终落入米底人和巴比伦人之手。在亚述巴尼拔统治下的全盛时期过去不到半个世纪，新亚述帝国就被从历史中抹去了。犹太的预言家那鸿（Nahum）曾预言："尼尼微成为战利品，谁会怜悯它呢？……你的人民四散于山野，无人将他们召集。你的伤口无法医治，你的创伤是致命的。"

伊什塔尔之门

由尼布甲尼撒二世于公元前 575 年重建的八道城门之一（现藏于柏林佩加蒙博物馆）。

插图（右侧） 公元前 7 世纪至公元前 6 世纪的印章，描绘一位祭司在马杜克的象征物前祈祷（现藏于巴黎卢浮宫博物馆）。

新巴比伦帝国

在公元前 7 世纪至公元前 6 世纪的一百多年里，巴比伦主宰了美索不达米亚世界。那波帕拉萨（Nabopolassar）和尼布甲尼撒二世等伟大帝王为它带来了非凡的影响和荣耀。但是，面对居鲁士二世（Cyrus Ⅱ）建立的强大新兴帝国，新巴比伦帝国没能幸存下来。它的陨落导致了整个美索不达米亚的衰落。

稀少甚至有些混乱的文献显示，从公元前 630 年到公元前 620 年的 10 年间，美索不达米亚似乎处于极度的动荡中。特别是巴比伦，经历了数次政治起伏，且都与亚述宫廷密切相关。亚述巴尼拔的继承人亚述-艾提尔-伊拉尼（公元前 631 年）加冕不久，就因争夺巴比伦的统治权而爆发了激烈的冲突。

在公元前 626 年，亚述的宦官首领辛-舒姆-利希尔（Sin-shum-lisir）自立为王。但是他在位仅仅一年。王位短暂虚空后，亚述巴尼拔的另一个儿子辛-沙尔-伊什昆夺取了政权。他的兄弟亚述王亚述-艾提尔-伊拉尼采取了一系列报复性的军事行动，引发了内战。公元前 625 年，亚述-艾提尔-伊拉尼在尼普尔对战那波帕拉萨时阵亡，辛-沙尔-伊什昆作为胜利者前往亚述加冕登基。

与此同时，第三位自立为王者迦勒底人那波帕拉萨登场了。迦勒底王朝（比特-阿姆卡尼、比特-达库里、比特-亚金）的起源可以追溯到公元前 9 世纪起在美索不达米亚定居的闪族游牧部落。迦勒底人曾与试图征服他们的亚述君主们屡次发生冲突。迦勒底人希望建立一个属于自己的国家，一个可以融合各个部落，通过宗教和文化团结起来的国家。亚述巴尼拔死后，那波帕拉萨统治了比特-亚金部落（意为海之国）。趁辛-沙尔-伊什昆离开巴比伦前往尼尼微加冕，那波帕拉萨成功夺取该城，并自立为王。那波帕拉萨建立的王朝统治了巴比伦最后辉煌的历史时期——从公元前 626 年至公元前 539 年将近一个世纪的时间，史称新巴比伦帝国。

我们对那波帕拉萨统治初期的情况知之甚少。新国王在最初的 10 年中不得不持续征战以稳定政权。军事征讨的目的是征服巴比伦的领土，巩固他对对手国，尤其是亚述的统治。那波帕拉萨首先对内发动了一场防御性战争，随后带领大军出征，清除其对手新亚述帝国的残余势力。他在铭文中这样评价这场战争："至于统治阿卡德土地的亚述人，出于众神的愤怒，以及亚述沉重的枷锁给这片土地的人民带来的压力，我这个势单力薄的不幸之人，在我的主人，强大的纳布和马杜克的帮助下，剪除了他们在阿卡德土地上的部队，解除了对人民施以重压的枷锁。"那波帕拉萨并没有提到，他之所以能达成目的，是得益于米底人的决定性帮助。

米底登上政治舞台

同时期，米底这个强大的民族登上了历史舞台。他们居住于扎格罗斯山东部的高原。米底人是印度-雅利安人的一个分支，于公元前 2 千纪末越过高加索，定居在今天伊朗的西部地区。印度-雅利安人主要包含两个分支——米底人和波斯人。前者居住在乌拉尔图附近的乌尔米耶湖（Ourmia）湖畔，后者则经历几次南迁，最终定居在与埃兰交界的帕尔斯（Pars）地区。该地区就是今天伊朗西南部的法尔斯，其首府是设拉子（Chiraz）。

汉谟拉比和尼布甲尼撒二世，两位伟大的帝国建造者

汉谟拉比（前1792—前1750）和尼布甲尼撒二世（前605—前562），这两位相隔一千多年的巴比伦君主，各自带领他们的帝国走向巅峰。他们是永不满足的征服者，并且使首都巴比伦成为该地区最重要的城市。

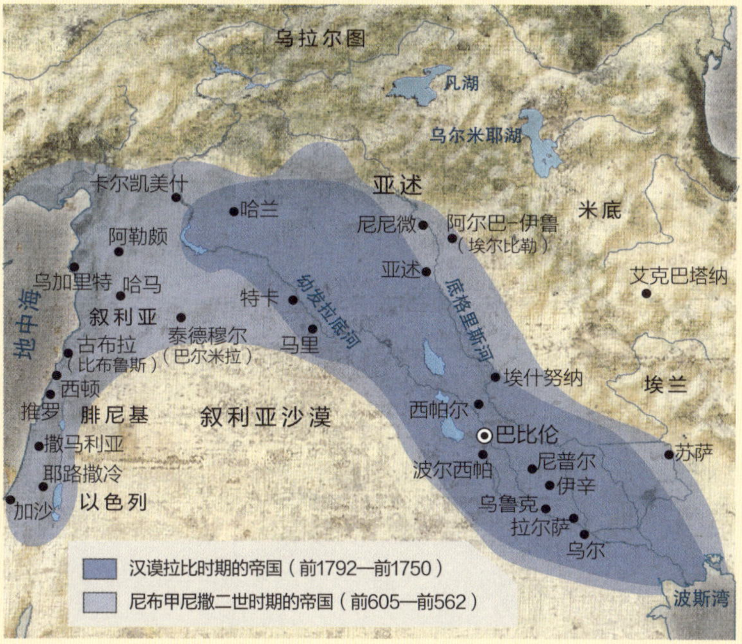

美索不达米亚的第一个伟大帝国是汉谟拉比政治和军事行动的结果。他自封为世界四大地区之王，统一了自波斯湾至库尔德斯坦地区的语言、宗教和立法。11个世纪以后，新巴比伦帝国的缔造者那波帕拉萨（前626—前605）之子尼布甲尼撒二世，把帝国边界扩大到美索不达米亚之外，直至地中海沿岸。他吞并了叙利亚、腓尼基和以色列，极大地推动了商业、城市规划和新型建筑的建造。在他的统治期间，巴比伦的居民大约有50万人。

插图 巴比伦的世界地图的泥板。我们看到，巴比伦位于中心，被大海包围，幼发拉底河从其中穿过。泥板的文字提到了几个地区，如亚述或埃兰。这块泥板可能来自西帕尔。公元前8世纪（现藏于伦敦大英博物馆）。

在米底历史的最初几个世纪里，米底人作为独立的部落存在，以马匹、木材和金属贸易著称。他们几乎不具任何军备，这种劣势使其无力对抗强大的亚述军队。萨尔玛纳萨尔三世在西北方发动战争之后，米底被归入亚述的势力范围。在公元前835年左右，有关萨尔玛纳萨尔三世的一些文献中提到了米底人。但是米底人的领土并未正式被亚述吞并。公元前5世纪的希腊历史学家希罗多德认为，米底各部落的统一始于公元前7世纪，最终促成了统一王国的诞生。米底王国的首都是艾克巴塔纳（Ecbatane），即现在的哈马丹，王国的创建者迪奥塞斯（Déjocès）在那里实行统治，之后的国王是其子弗拉欧尔特斯（Phraortès）。基亚克萨雷斯（Cyaxare，前625—前585）受亚述军队启发组建了一支部队，并进行巩固和扩张领土活动。战争把他带到了米底王国的边界——从乌尔米耶湖到波斯湾，从扎格罗斯山到位于现在德黑兰境内的德马温德峰（Demavend）。波斯人成为米底王国的附庸，多次侵犯该地区的斯基泰人的威胁已经被解除。米底人和巴比伦人一样，对严重削弱的亚述造成了直接威胁。

有资料显示，米底于公元前615年攻打了阿拉法城（Arrapha）。他们的国王基亚克萨雷斯随后向亚述城进发。次年他们成功拿下亚述帝国的首都。亚述首都被洗劫一空，瓦砾还在燃烧时，那波帕拉萨领导的巴比伦人也来到亚述城的大门前，然而，他们并没有为争夺战利品而争斗，而是结成了联盟——基亚克萨雷斯的女儿阿米提斯与那波帕拉萨之子尼布甲尼撒二世联姻，以稳固同盟。

亚述的分崩离析

亚述不甘心失败，在尼尼微重整旗鼓，以抵御米底人和波斯人的联合进攻。于是，尼尼微遭到了围困。三个月后，最后的对决开始了。那波帕拉萨的编年史中记载："米底人和波斯人对该城发动了强大的攻击，在阿布月（abu，7—8月），终于占领了该城，并彻底击溃了伟大的亚述民族。城破当天，亚述国王辛-沙尔-伊什昆被杀。巴比伦与米底人掠夺神庙和城市的宝藏，使这座城市沦为废墟。"该事件发生于公元前612年。此后，亚述在最后一位国王亚述-乌巴里特二世（前611—前609）的领导下苟延残喘。这位国王最终也只能眼睁睁看着帝国瓦解和重要城市——如塔尔

比苏（Tarbissu）和卡尔库等相继陷落。

最终，公元前 610 年，巴比伦与米底联军攻占了哈兰（Harran）。“玛西班月（Marchesvan，10 月），前来支援那波帕拉萨的米底人集结部队向哈兰进发，以对抗亚述-乌巴里特二世，后者已在亚述城登基。对敌人的恐惧攫取了亚述军队以及前来支援的埃及军队，他们放弃了城市，渡过幼发拉底河。阿卡德国王来到哈兰并占领了该城。亚述-乌巴里特二世成功逃往幼发拉底河西岸，在卡尔凯美什避难。在这座防御坚固的城市，借助法老尼科二世的宝贵援助，亚述-乌巴里特徒劳地抵抗着。”

卡尔凯美什的陷落标志着亚述辉煌历史的终结。那波帕

一个帝国的终结

新巴比伦帝国的崛起对应了亚述政权的消亡，但是亚述令人震撼的宏伟浮雕在接下来的几个世纪依然留存在人们的记忆中。

插图 公元前 7 世纪的亚述浅浮雕碎片，可能来自尼姆鲁德（现藏于伍斯特艺术博物馆和学院）。

拉萨总结道：

“曾统治万民的亚述人，他们沉重的桎梏使人民遭受伤害，如今我把他们置于阿卡德的脚下，而我自己也从中解脱。”亚述帝国彻底解体，联军开始瓜分这片广阔的土地。米底获得了今伊拉克北部、安纳托利亚半岛的一部分直至位于哈里斯河河道的吕底亚边界，以及扎格罗斯东部的埃兰的土地。至于巴比伦，则继承了美索不达米亚平原、扎格罗斯山另一侧的埃兰的土地，以及叙利亚-巴勒斯坦一带直至卡尔凯美什的领土。

由于年事已高，自公元前 607 年开始，那波帕拉萨将每年军事征讨中的部分领导权委托给其子尼布甲尼撒。两年后，尼布甲尼撒王子率领一支远征军攻打当时由埃及控制的卡尔凯美什。往年的袭击皆以失败告终，但是这一次，他的顽强最终有了回报。

尼布甲尼撒在残酷的巷战后，最终成功占领了该城。卡尔凯美什被烧毁，埃及的驻军和雇佣兵团被消灭。他追击那些逃脱者并将其一一斩杀。当尼布甲尼撒来到位于尼罗河东部三角洲的佩吕斯（Péluse）时，得知了父亲的死讯。他不得不中途折返并尽快赶回首都，最终在那里加冕成为巴比伦王。

尼布甲尼撒二世在位的最初几年，致力于巩固对叙利亚北部的统治，那里是控制贸易路线的战略地区。他的大部分战役都集中爆发在地中海东岸的腓尼基和叙利亚-巴勒斯坦城市，以及犹太王国内。

多年来，这些城市对亚述人臣服进贡，不准备与新的迦勒底王朝和解。它们试图依靠埃及的支持，而埃及也不打算放弃对该地区的统治。攻占卡尔凯美什一年后，尼布甲尼撒二世横扫了叙利亚领土和黎凡特，向大马士革、推罗、西顿和耶路撒冷等城市索取贡品。阿什克隆因其国王不愿屈服而被摧毁。公元前 601 年，巴比伦与埃及爆发了第一场对决，最终双方都损失惨重。此后，尼布甲尼撒二世返回巴比伦，他重新集结军队，与埃及的传统盟友——来自阿拉伯沙漠的阿拉伯人战斗。大部分黎凡特国家叛变，那里的人民既想摆脱埃及的控制，又想击退野心勃勃的巴比伦。

这些反叛的国家中包括约西姆（Joachim）统治下的犹太，约西姆无视先知耶利米的建议，拒绝向巴比伦纳贡。这个决定导致耶路撒冷遭到围攻，《圣经》中是这样记载的："巴比伦国王尼布甲尼撒二世的时代开始了一场战役。约西姆向他臣服了 3 年，但是又反抗他。于是耶和华派出迦勒底人、叙利亚人、摩押人（Moabites）和亚扪人（Ammonites）反击约西姆，耶和华借众仆从先知之口，派他们攻打犹太。"

攻占耶路撒冷

约西姆在城市被攻占之前就已去世。在他的儿子耶哥尼雅（Jéchonias）的统治时期，尼布甲尼撒二世成功地占领了耶路撒冷。他曾先后于公元前 597 年和公元前 587 年，两次将当地人口驱逐到巴比伦，致使犹太首都和几乎整个犹太王国的人口锐减。这次行动在《巴比伦编年史》（*Chronique de Babylonne*）中只是作为又一次征服而一笔带过，并没有详细的记录。但是由于这段历史对犹太民族至关重要，《圣经》对此做了详尽的叙述。

尼布甲尼撒二世的军队在黎凡特又战斗了 10 年。该地区是埃及确保自己免遭东方民族入侵的屏障，因此埃及法老亚赫摩斯（Amôsis）不愿放弃对这里的统治。但是巴比伦击溃了他的军队，并围城 3 年，粉碎了推罗的反叛，通过协定在该城强行安插了一名巴比伦总督。推罗虽然臣服于巴比伦帝国的统治，但并未被同化。尼布甲尼撒二世对地中海沿岸腓尼基城市的征服在《尼布甲尼撒二世诏书》（*édit Nabuchodonosor*）中得到证实，他还通过该诏书宣布自己是整个黎巴嫩雪松林的主人。他着手改善雪松林至幼发拉底河的道路，这一举措为把珍贵木材运往帝国首都巴比伦提供了便利。

处于危难中的人民

尼布甲尼撒二世统治了从扎格罗斯山脉直到埃及国门的广大领土。但是在帝国的北部，米底的威胁日益紧迫。在基亚克萨雷斯的带领下，米底推进到了卡帕多细亚，威胁到吕底亚。在这场冲突中，尼布甲尼撒二世扮演了仲裁者的角色。他以哈里斯河为界，为两国划定了边界。但我们可以预见，米底人绝不会止步于此。不过，在巴比伦陷落前，尼布甲尼撒二世就去世了。

巴比伦编年史——历史学家的精神食粮

《巴比伦编年史》(*Chroniques de Babylone*)是一组用楔形文字书写的泥板。它精确叙述了从巴波纳萨(前 747—前 734)直至帕提亚帝国(公元前 3 世纪—公元 3 世纪)时期的主要事件。《编年史》是了解美索不达米亚古代历史的一个重要来源,有助于建立精确的年表。

编年史的大部分编纂工作完成于公元前6世纪,极有可能受命于波斯国王或迦勒底国王,他们希望更详细地了解自己所统治的这片土地的历史,因此它们具有一定的客观性。《巴比伦编年史》记录了巴比伦的历史以及它与周围王国的关系。它与《亚述编年史》一起组成了《美索不达米亚编年史》,共包含几十份文献。尽管其中一些资料可追溯到公元前2千纪,但从新巴比伦帝国的部分开始才称得上是系统的历史叙述。

插图 《巴比伦编年史》中的一块泥板,又称《尼布甲尼撒二世早期编年史》(*Chronique des premières années de Nabuchodonosor*)或《耶路撒冷编年史》(*Chronique de Jérusalem*),上面专门提到了公元前597年新巴比伦帝国征服犹太王国的历史。所有的编年史泥板现今都保存在伦敦的大英博物馆。

伊什塔尔的狮子

(第 186—187 页)

作为与美索不达米亚爱情和战争女神相关的动物,狮子的形象在巴比伦防御工事内部的游行大道上无处不在。该墙由尼布甲尼撒二世建造于公元前 575 年。图片中是柏林佩加蒙博物馆馆藏复制品的一部分。

在亚述灭亡和尼布甲尼撒二世发动的一系列战役后,新巴比伦帝国实际上已没有继续扩张的可能性。与米底人签订的和约保持了相对的稳定。如果说新亚述帝国有关战役胜利的描述充斥着可怕夸张的细节,旨在散播恐惧,那么新巴比伦国王的铭文倒是很值得分析——他们更关注宫殿和寺庙的建造。尼布甲尼撒二世为扩建和美化首都巴比伦投入了大量精力。

然而,如果认为中东的紧张局势在新巴比伦帝国时期有所改善,那就错了。实际上,当时的局势与亚述霸权时代同样糟糕。数十万人被驱逐出境,对当地人口结构造成了严重的影响。许多城市几乎荒无人烟,有些

甚至直接被军事冲突摧毁。资源被过度开发，导致田地被遗弃。总体来说，由于无休止的战争、死亡和横征暴敛，人民已经筋疲力尽。尼布甲尼撒二世时巴比伦的辉煌成就并不足以让他们安心，实际上绝大多数人对这些成就的了解也只是道听途说。尼布甲尼撒二世的直接继承人因被卷入了王朝内部的血腥权力斗争而倒台。尼布甲尼撒二世之子阿梅尔-马尔杜克在位仅两年（前 562—前 560），就被他的妹夫涅里格利沙尔（Nériglissar）暗杀了。在位的四年间，涅里格利沙尔重建了寺庙，还对奇里乞亚发动了战争。公元前 556 年，涅里格利沙尔去世，他年仅 10 岁的儿子拉巴什-马尔杜克

宁玛赫（Ninmah）神庙

大地和生育女神，又称为“宁胡尔萨格”，意思是“山之女神”。

在该修复建筑中，我们可以看到圣堂正门和两侧的塔楼，以及美索不达米亚宗教建筑特有的凸出墙体。

尼布甲尼撒二世的三座传奇宫殿

尼布甲尼撒二世不仅是一位优秀的军事战略家，还是一位痴迷于首都辉煌建筑的君主。因此，他对公共建筑、寺庙和宫殿进行了大规模的重建和装饰。

尼布甲尼撒二世修缮了神庙、神龛和宗教建筑群（如著名的伊什塔尔门和游行大道）。他还修复了运河，铺设了街道，重建了堡垒和纪念碑。最著名的是他的宫殿——富丽堂皇的皇家宫殿，其中最重要的宫殿是南宫，这是一个如同城堡的巨大建筑群，包含御座厅、后宫和国王寝宫。北宫的建造始于那波帕拉萨时期，当时里面还建有一座小型博物馆。北宫位于内墙外部。最后是夏宫，是尼布甲尼撒二世主持建造的第二座宫殿，它位于城市的最北端，在幼发拉底河附近。一些史学家猜测，这里有可能就是尼布甲尼撒二世献给他的妻子阿米提斯的著名的巴比伦空中花园所在地。

插图 19世纪浪漫主义版画，描绘的是巴比伦空中花园。

（Labashi-Marduk）即位，但是在位不到一年就被阴谋家们暗杀；贵族那波尼德（Nabonide）取代了他，成为巴比伦的最后一位国王（前556—前539）。

那波尼德的形象具有特殊性。为了证明篡权登上王位具有合理性，并赢得众神、祭司和社会的认可，那波尼德在位的大部分时间都致力于在帝国境内大量重建和新建神庙。他在一篇铭文中提到众多修复工程中的一个："乌尔曾经举行最高女祭司仪式的艾吉帕（Egipar）神庙被废弃了，化作了一堆废墟，棕榈树和果树在里面疯长。我修剪了树木，清除了废墟上的瓦砾，检查了寺庙的内部，终于使得地基的地面变得清晰可见。"

伊什塔尔城门

这是尼布甲尼撒二世时期巴比伦城八座城门中最气派的一座。这道门是游行大道的入口，而大道通向马杜克神庙。城门和大街上饰有数百个巴比伦宗教神话中的生物。

伊什塔尔门模型以及与之相通的游行大道（现藏于柏林佩加蒙博物馆西亚细亚馆）。

新巴比伦帝国的君主

公元前 626 年—公元前 605 年

那波帕拉萨（Nabopolassar） 他是迦勒底人，曾任巴比伦总督，在亚述灭亡后获得独立，建立了新巴比伦帝国。

公元前 605 年—公元前 562 年

尼布甲尼撒二世（Nabuchodonosor Ⅱ） 他成功地扩大和巩固了新巴比伦帝国，使巴比伦成为美索不达米亚最重要的城市。

公元前 562 年—公元前 560 年

阿梅尔-马尔杜克（Amel-Marduk） 他只统治了两年，就被他的妹夫涅里格利沙尔暗杀了。阿梅尔-马尔杜克释放了犹太国王约西姆。

公元前 560 年—公元前 556 年

涅里格利沙尔（Nériglissar） 他策划了废黜阿梅尔-马尔杜克的阴谋，但是在位仅四年就去世了。

公元前 556 年

拉巴什-马尔杜克（Labashi-Marduk） 他仅在位两个月就被巴比伦的权贵推翻，由那波尼德取代。

公元前 556 年—公元前 539 年

那波尼德（Babibude） 巴比伦的最后一任国王，对月神辛尤其崇拜。在他的统治期间，巴比伦落入居鲁士二世大帝之手。

居鲁士二世大帝，巴比伦的解放者

公元前 6 世纪，波斯人居鲁士二世同时加冕为波斯和米底国王，成为近东最强大的君主。他最终使巴比伦人推翻了一个不受欢迎的君主。

公元前539年，当居鲁士二世进入巴比伦时，他更多地被视作解放者，而非征服者。事实上，如果没有当地大部分祭司和军事贵族作为同谋，他永远不可能夺取在那波尼德（前556—前539）统治下的新巴比伦帝国。民众对长期缺席且对这个城市百年宗教传统不以为意的国王那波尼德感到不满，对居鲁士二世则表现出热情。巴比伦的犹太人也将居鲁士二世视为解放者，对新君主允许他们返回耶路撒冷感到满意。

插图（右侧） 居鲁士二世大帝位于帕萨尔加德（Pasar-gades）的坟墓，帕萨尔加德是阿契美尼德帝国的第一个首都。这是一座让人联想到带有双坡屋顶的建筑，灵感来自小亚细亚的希腊艺术。据说亚历山大大帝于公元前330年击败波斯后，曾拜访过这座坟墓。

居鲁士二世大帝，一代传奇人物

在修复工程中，那波尼德发现了在遥远的苏美尔时代建立的神庙地基的遗迹，以及其他遗迹，他向这些遗迹致敬，也借机宣称自己与有着千年历史的苏美尔和阿卡德君主之间存在着关联。“我仔细研究了这些古老的泥板和木板，我现在所做的和先人们完全一样。我建造了一块石碑，包括它的附属物和祭品；在上面刻下所有必要的铭文，把这一切献给我的神辛和女神宁格尔。”在所有神灵中，那波尼德明

显偏爱月神辛。他的母亲来自叙利亚北部的哈兰城，在定居巴比伦前曾是月神庙的女祭司。但是，对辛的狂热奉献损害了主神马杜克的利益，将导致不受欢迎的那波尼德失去王位。

然而，巴比伦最后一位国王的倒台，主要归因于波斯帝国这个中东地区出现的新势力。波斯帝国与米底帝国同时诞生，但位于伊朗领土更南端的法尔斯。起初，埃兰最后几任国王在位期间，波斯人建立起一个独立部落。他们趁亚述国王亚述巴尼拔摧毁埃兰之机，巩固了政权并且成为一股强有力的政治力量。波斯人身处米底人的势力范围内，但是他们的崛起很快引起后者的猜疑。为了提防波斯的潜在威胁，米底国王阿斯提阿格斯（Astyage）决定将自己的女儿嫁给波斯国王冈比西斯一世（Cambyse Ier），从而结成更紧密的联盟。这场联姻诞生了未来中东的新霸主，他在历史上留下的名字是居鲁士二世大帝。

如同古代其他著名人物（萨尔贡大帝、摩西、罗穆路斯和雷穆斯，等等）一样，居鲁士二世的出生也笼罩在传说的迷雾之中。根据希罗多德的说法，居鲁士二世的母亲怀孕时，外祖父米底国王阿斯提阿格斯做了一个颇具预示的梦：他女儿的子嗣将统治整个亚细亚，成为米底和波斯的新主宰。阿斯提阿格斯为这个启示感到震惊，下令一旦孩子出生就立即将其杀死。但是接到命令的将军无法执行这一命令，便将这个任务交托给一位牧羊人。牧羊人把婴儿带到他的妻子面前，告诉她刚刚被委托的任务。牧羊人的妻子恰巧刚诞下一个死胎，便留下了这名婴儿，而把自己儿子的尸体交出，作为阿斯提阿格斯之外孙已死的有力证据。就这样，她挽救了未来的居鲁士二世大帝的生命。

无论这是真实事件还是传说，居鲁士最终于公元前 559 年继承了他父亲的王位，并从波斯王朝的第一个首都帕萨尔加德的宫殿开始巩固他的权力。就在这时他收到了那波尼德的求援。那波尼德试图在哈兰重建新的神庙，而哈兰当时被米底国王即居鲁士二世的外祖父统治，因此那波尼德需要得到波斯人的军事支持。居鲁士二世对此给出了积极的回应。他违背了外祖父禁止帮助巴比伦的命令。居鲁士二世借此机会脱离了外祖父的控制，同时也从米底人那里独立出来。

波斯的崛起

希罗多德还提到，与米底王室不和的将军阿尔帕奇（Arpage）给居鲁士二世写信，敦促他反叛："把波斯人武装起来，和他们一起来攻打米底王国。您尽管放心出征，因为所有（米底人）都站在您这边，试图推翻阿斯提阿格斯。一切准备就绪，按照我说的做，越快越好。"正如希罗多德所说，眼下的情形对居鲁士已足够有利，他向波斯人描述未来的蓝图："亲爱的朋友们，请鼓起勇气重拾自由吧！……因为在我看来，你们并不逊于米底人，尤其在战争方面。还等什么，起来反抗阿斯提阿格斯吧！"祖孙之间的较量，同时也是米底人和波斯人之间的对抗由此展开。最终，"统治了三十五年的阿斯提阿格斯被废黜……波斯人在居鲁士的带领下，摆脱了米底人的枷锁，开始统治整个亚细亚。"这一次，居鲁士二世（前 559—前 530）成为新生的波斯帝国的唯一主人。

对米底人作战获胜后，居鲁士二世成功征服了吕底亚王国，在此之前吕底亚受巴比伦的同盟克罗伊斯（Crésus）国王的统治。从吕底亚开始，居鲁士二世又征服了安纳托利亚的其他城市。这些巴比伦北部和西部国家的消失，使那波尼德的帝国在波斯人的威胁面前脆弱不堪。居鲁士对其管辖内的人民施以怀柔政策：他尊重每个人的信仰和文化自由，拒绝严刑拷打和横征暴敛……由于厌倦了此前征服者的残酷手段，巴比伦人将张开双臂迎接他。

攻占巴比伦

与此同时，巴比伦的情况越来越糟。那波尼德放弃这座城市已有五年，退居到阿拉伯的泰马（Teima）的辛神庙。他不仅把人民托付给他毫无经验的儿子伯沙撒（Balthasar），还将巴比伦最重要的新年庆典交给他主持。公元前 539 年，巴比伦人民厌倦了一个长期缺席并且迷恋异国神的国王，他们主动向居鲁士二世打开了国家的大门。那波尼德从泰马返回，但也只能见证极少数忠于他的巴比伦军队的惨败。

居鲁士二世进入巴比伦，他被视作解放者而受到热烈的欢迎。那波尼德的《编年史》中记载："第三个阿拉萨姆月（arahsammu，10—11 月）时，居鲁士踏入巴比伦。街道上挤满了人。居鲁士向整个巴比伦致意，城市沐浴在和平中。巴比伦的所有居民，以及所有苏美尔和阿卡德国家的亲王和总督，都向他鞠躬并亲吻他的脚，为他获得王位而高兴。他们敬重他的名号。"

波斯人和巴比伦人的激烈冲突发生在今天巴格达南部的俄庇斯城（Opis）。那波尼德之子伯沙撒就死于这场战役，他从未有机会登基。而不称职的国王那波尼德也在此被捕，成为居鲁士二世的俘虏，余生都在流放中度过。在《居鲁士铭筒》（*Cylindre de Cyrus*）中，那波尼德遭到进一步的指责。《居鲁士铭筒》是刻在一只陶土圆柱上的建朝铭文，用来回顾居鲁士二世的胜利。巴比伦和整个中东地区成为波斯帝国的一部分，在阿契美尼德王朝的统治下，居鲁士的后裔将在美索不达米亚的历史上写下新的一页。

始于新石器时代，以公元前 4 千纪第一批城市文明的诞生为标志的这段激动人心的历史，正在走向消亡。当然，美索不达米亚的城市继续存在。或者应该说，它们之所以幸免于难，是因为已经失去了独立的地位。它们将永远被远离底格里斯河

本土帝国衰落，米底人与波斯人到来

自从大约五个世纪前在伊朗高原定居以来，米底人和波斯人从没有越过扎格罗斯山脉。他们于公元前 6 世纪初登上美索不达米亚的政治舞台，导致了本土帝国的彻底灭亡。美索不达米亚第一次被一个非土著民族统治。

大流士一世（前522—前486）在阿契美尼德帝国的首都波斯波利斯（Persepolis)的阿帕达纳觐见厅入口大厅的浮雕描绘着，波斯帝国的23个附庸民族代表排成长队，准备介绍他们的贡品。我们可以通过他们的身体特征、穿着和所携带的财物来辨认，可以看到这里包括阿拉伯人、巴比伦人、埃兰人、亚美尼亚人、吕底亚人、亚述人、米底人、帕提亚人、叙利亚人以及其他族裔。

插图 右图：浮雕碎片显示巴比伦使者身穿长袍，头戴圆锥形帽子，向阿契美尼德国王献上贡品——碗类、衣服和一头公牛。左图：一个佩带短剑的米底人向阿契美尼德国王上贡。波斯波利斯城安帕达纳（御座厅）浮雕碎片（现藏于德黑兰国家博物馆）。

和幼发拉底河的帝国所统治。它们将先后置于居鲁士二世和阿契美尼德王朝的波斯帝国、亚历山大大帝的希腊帝国、罗马帝国以及帕提亚和萨珊的波斯帝国治下，直到公元 7 世纪被穆斯林征服。

美索不达米亚的遗产

不具任何权力的美索不达米亚人，没有在政治上参与这段历史，仅仅作为被动的见证人而存在。但是这并不妨碍文化的深层影响保留在新的国家中，这些国家的宗教、艺术、文学、科技、建筑都深受美索不达米亚文化的熏陶。

即使在今天，当代东西方文化依然仰仗他们的贡献，只是我

们并没有清晰地意识到这一点。每当我们走过一座城市、写一封信、进入一家图书馆或观测某个星座时，我们都在重复苏美尔人、阿卡德人、亚述人或巴比伦人之前的行为。但这还不是全部：当我们阅读《圣经》中关于大洪水的神话时，我们实际上是沉浸于《吉尔伽美什史诗》的一部分；当我们在教堂里欣赏有关天使或魔鬼的作品时，我们实际上是在看亚述的精灵；当我们注视手表上的时间时，我们使用的是苏美尔的六十进制时间测量体系。因此，尽管我们与之相隔几个世纪，美索不达米亚文化是我们历史和文化中非常重要的一部分。我们确实是那个遥远而迷人的文明摇篮的继承人。

档案：壮丽的巴比伦

巴比伦国王试图将他们的城市打造为美索不达米亚的精神和文化中心。尼布甲尼撒二世取得了辉煌的成就。在他的领导下，巴比伦呈现出一派辉煌夺目的景象。

“巴比伦，上天的力量……巴比伦，无与伦比的奢华城市……巴比伦，连接了天与地……巴比伦，消灭了敌人的城市……巴比伦，神圣的城市……”这是公元前2千纪末完成的名为“汀提尔”（Tintir）的五块石碑中的一块，用51个修饰词来形容巴比伦。它是名副其实的巴比伦地形图，详细描述了城市的主要宗教遗迹。其中提到了43座寺庙和55座小教堂，以及防御工事、住宅区、街道、桥梁、运河和其他建筑。其他考古文本和发现很好地补充了这份文献。这套作品整体内容丰富，可以使人准确地了解古代最著名的城市可能的样貌。尼布甲尼撒二世统治期间，巴比伦城进行了大规模的翻新和装饰。

双城

首先要区分内城和外城。内城呈现为约2.5公里长、1.5公里宽的长方形，总占地面积为375公顷，被流经城市中心的幼发拉底河一分为二。河流既促进了城市的繁荣，又保护了城市的安全。

东部城区历史最为古老，可追溯到公元前3千纪下半叶。老城与城市扩建部分通过一座桥连接起来，而扩建新城的建造时间不详。内城拥有强大的防护工事，一道8公里长的双重城墙将其包围在内。双重城墙中包括一道宽6.5米，名为“因姆古儿-恩利尔”（Imgur-Enlil，意为“神恩利尔的恩宠”）的内城墙，距离内城墙7.2

多彩玻璃饰面 尼布甲尼撒二世在巴比伦宫殿中的御座厅壁画（现藏于柏林佩加蒙博物馆）。

巴比伦大事记

公元前 1792 年

国王与法律 汉谟拉比的统治始于巴比伦，这位国王因以其名字命名的法律典籍而闻名。

公元前 605 年

黄金时代 亚述统治结束后，在新巴比伦帝国的奠基人尼布甲尼撒二世的统治下，巴比伦度过了一段辉煌的时期。

公元前 539 年

波斯人的到来 居鲁士二世大帝利用新巴比伦帝国那波尼德的统治危机，征服了巴比伦。

公元前 331 年

大流士的溃败 亚历山大大帝在高加米拉（Gaugamèles）之战中击败波斯国王大流士三世后进入巴比伦。他在这里建立了帝国首都。

神话雕像 新巴比伦时期供奉神明或女神的动物雕像，公元前 7 世纪至公元前 5 世纪（伦敦大英博物馆）。

米之处是宽 3.5 米，名为“内买提–恩利尔”（Nemetti-Enlil，意为“神恩利尔的堡垒”）的外城墙。距离外城墙 20 米处挖了一道宽 80 米的壕沟，并又建起一道墙。

因此，内城防御的总宽度超过了 100 米，这可能是有史以来围绕城市建造的最宽的防御系统。尼布甲尼撒二世建造了外城。外城大部分是郊区，除了最北边的地方，国王在那里建造了一座夏宫。此外，尼布甲尼撒二世在城市东边建造了新的防御工事。新防御工事周长为 63 米。经扩建，城市的总面积达到 1000 公顷。

这座防御工事设有八道城门，城市的四面各有两道门。其中七道城门向神明致敬：伊什塔尔、马杜克、扎巴巴、乌拉什、沙马什、阿达德，以及恩利尔。第八道城门位于西侧较高处，是献给国王的。其中马杜克、扎巴巴、乌拉什和最著名的伊什塔尔门已被发现。有关伊什塔尔门，城墙上尼布甲尼撒二世的一段铭文就是生动的见证：“吾乃巴比伦王尼布甲尼撒，巴比伦王那波帕拉萨之子。吾用蓝色釉面砖为吾之主马杜克建造了伊什塔尔之门……”当然，建造者有充分的理由感到自豪。

伊什塔尔门位于城市的北端，镶嵌在

内城的双重城墙中，享有极高的声望：在新年节庆中，巴比伦人的守护神马杜克的雕像由此通过。游行队伍沿着阿伊布沙布（Ayiburshabu），即马杜克的游行大道前进。

伊什塔尔门的总宽度为48米，有三条通道，两侧气势恢宏的塔楼的高度仍然未知，但据推测一定超过了20米。它由烧制砖块建成并以龙和公牛的形象浇筑，分几道工序制成，这两种动物分别象征着神明马杜克和阿达德。第一步，砖块成型，但并未做多色处理。第二步与前面相反，只做多色处理并未浇筑塑形。第三步在尼布甲尼撒二世监督下进行，并且结合前面两种方法：砖块既是浮雕模型，又使用不同颜色的釉彩进行多色处理。国王本人亲自做出了解释：

"……我用蓝色的土砖制作新门，然后以宏伟的公牛和龙作为装饰。"

马杜克大道

一旦穿过这道壮观的大门，人们就进入了马杜克的游行大道。令人吃惊的是，这条通道还是城市东半部的主动脉干道。这条南北走向的大道几乎有一公里长，20米至24米宽，它将伊什塔尔门与城市的主要建筑连接在一起：王宫、高大的塔庙和南边较矮的马杜克神庙。像伊什塔尔门一样，它使用釉面砖和浮雕进行装饰。装饰的图案不再是龙和公牛，而是象征伊什塔尔女神的狮子。

这条令人印象深刻的大道不只因其不朽的外观而与众不同，而且还因完成其表面所需的工作而著名。它是通过叠加三个不同的砌层来完成的——一层黏土、一层沙子、一层碎石。在此基础上，摊铺沥青后再铺设黏土砖，使其更加坚固和稳定。最后的路面由两种石材铺就：道路中间采用石灰石，道路两侧采用来自叙利亚北部的红色石材，这部分就如同人行道，红色石材砌面比石灰石砌面高出15厘米。尼布甲尼撒二世的纪念碑文颂扬了他的丰功伟绩。"吾乃巴比伦之王尼布甲尼撒，巴比伦之王那波帕拉萨之子……吾采山上之石为吾伟大的主马杜克建造壮丽的游行大道。马杜克，我的主，请赐予我们永恒的生命！"

空中花园究竟在巴比伦还是在尼尼微？

在古代世界七大奇迹中，巴比伦的空中花园可能是引起最多争议的一个。它是否真的存在，如果存在，它在哪里？部分古典作家称，这是尼布甲尼撒二世为其思念波斯花园的王后建造的。它似乎通过一个平台装置“悬挂”在皇宫里。考古学家罗伯特·科特威（Robert Koldewey）在考古挖掘中，确信空中花园就在皇宫的东北部，但是这个假说现在被否定了。事实上，许多历史学家否认它的存在，因为在有关尼布甲尼撒二世时期建筑的任何资料中都没有提到过它。当然，有些间接资料，尤其是希腊作家们的记述中提到了它。在亚述的浮雕中，花园是一个常规的元素。我们在辛纳赫里布的宫殿里看到有关空中花园的描绘。今天许多专家认为巴比伦的空中花园实际上位于尼尼微，是辛纳赫里布的作品。

亚述巴尼拔花园

如同上图碎片所示，在尼尼微的亚述巴尼拔宫殿的浮雕上，我们看到处处绿树成荫。公元前7世纪（现藏于伦敦大英博物馆）。

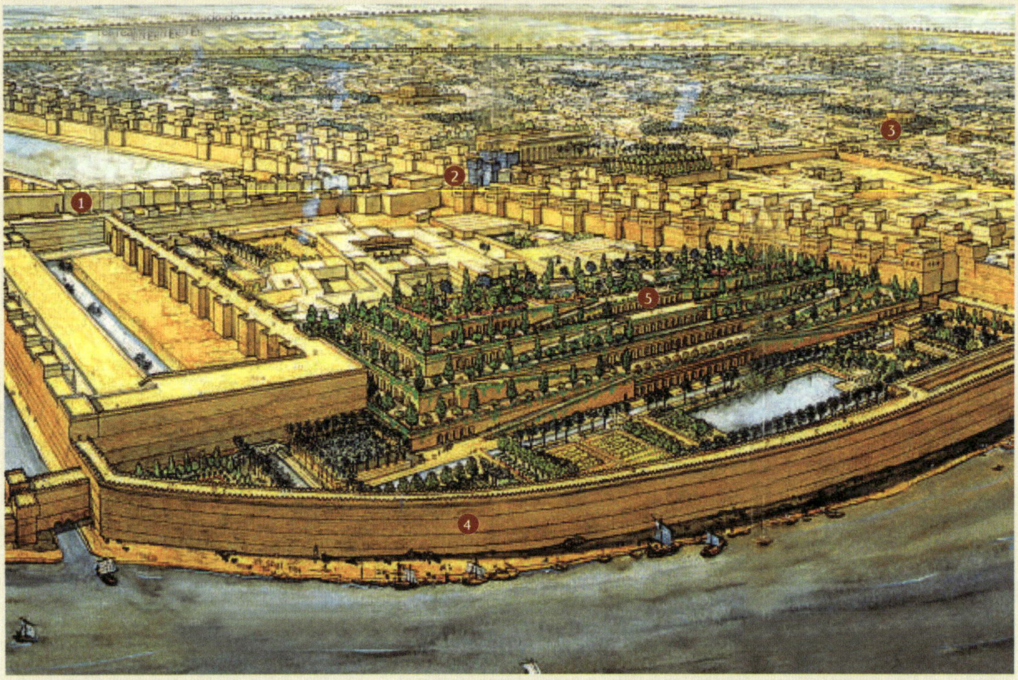

❶ **游行大道** 这条长长的大道穿过伊什塔尔之门通向埃萨吉拉（Esagila）宫殿，大道两边是用狮子和花卉图案装饰的墙壁。

❷ **伊什塔尔之门** 这是可以穿过城墙的八道门之一，它和游行大道一起成为灿烂的巴比伦最具代表性的古迹。

❸ **埃萨吉拉神庙** 这座神庙是日常巴比伦守护神马杜克之所。它和埃特曼基神庙（Etemenanki）及马杜克塔庙，即传说中的巴别塔（Babel），构成了城市的中心。

❹ **防御工事** 世界七大奇迹之一。被看作古代世界最强大的城市防御体系。

❺ **花园** 在这幅城市的古典绘画中，花园位于考古学家罗伯特·科特威指定的地点，就在王宫和幼发拉底河之间。

罗伯特·科特威的神奇发现

1898 年 3 月 26 日，艺术史学家和考古学家罗伯特·科特威开始在被阿拉伯人称为卡瑟（el-Kasr，意为“城堡”）的地方，对神话中的巴比伦城进行挖掘。他首先发现的是游行大道的墙壁。后来，他陆续发现了宁玛赫神庙、伊什塔尔之门、埃萨吉拉神庙以及包括尼布甲尼撒宫殿在内的宫殿区的遗址，他认为在那里可以确定著名的空中花园的位置。

插图 伊什塔尔之门的一面墙被考古学家发现时的状态。

创新的设计

每道门都通向一条大道，该大道又与许多辅道相交，因此形成交错的城市道路网格。随之兴起的是80米长、40米宽的方形居住区。这种城市功能结构预示了一个世纪以后由希腊人希波达莫斯（Hippodamus）创建的栅格模式，即我们今天所称的“希波达莫斯规划”。

居住区又被划分为几个小型区，其中最古老、最神圣，也是主要宗教建筑集中的地方，被命名为埃利都。根据美索不达米亚的传统，这是人类最早的城市。通过这样的设置，清晰地将巴比伦与世界的起源联系起来。

埃利都的北部是以苏美尔时代的城市命名的卡丁吉拉区，那里建有王宫和伊什塔尔门。这样设置也含有明显的意图，即把迦勒底王朝与苏美尔人和美索不达米亚文明的起源联系起来。东部的其他区还包括库拉布（Kullab）、舒安那（Shuanna）和特埃基（Te.eki），西部则包括卢加里拉（Lugalirra）、库马尔（Kumar）和图巴（Tuba）。

有关宫殿的原始文献资料仅限于王室礼宾类型的记述。历史学家所掌握的数据来自考古学研究。在新巴比伦时期，巴比伦有三座王宫——南宫、尼布甲尼撒二世为扩大第一座王宫而建造的北宫，以及在更北的地方、外墙的边缘，同样由尼布甲尼撒二世建造的夏宫。

南宫的建造始于那波帕拉萨，经尼布甲尼撒二世扩建和修复，成为最大的宫殿。它长322米，宽186米。南宫呈奇怪的梯形，中心有五个沿长边分布的院落，周围的房间均为两层。第三个院落后面是御座厅，这是一个长50米、宽16米的巨大空间，墙壁厚达6米。御座厅，或许还有其他房间，都用浮雕造型和釉面砖装饰。除了棕榈树和花卉图案的檐壁之外，还有一排狮子雕像。与游行大道上尾巴朝下的狮子不同，这里的狮子雕像尾巴竖起，以警觉和保护国王的姿态矗立。

公牛、狮子和龙

尼布甲尼撒二世在巴比伦的非凡建筑使用了特色造型和釉面砖做装饰，这些砖塑造出了国王们的主要象征动物。

公牛或原牛

游行大道以狮子做装饰，华美的伊什塔尔门则饰有大量的公牛形象。它是天空之神和风暴神阿达德的象征动物。因此阿达德肩负保证土地肥沃的重任。阿达德在苏美尔语中称为伊什库尔，是上美索不达米亚的主神。

怒蛇

还有一种动物与龙交替出现在伊什塔尔门上，它有蛇头和爬行动物的身体，猫科动物的前腿和猛禽的后腿，被称为“西鲁什”(mushhushshu)，意为怒蛇，它代表巴比伦的守护神马杜克，以及它的儿子、科学和智慧之神纳布。

富有争议的重建 从马杜克游行大道上看到的巴比伦废墟。萨达姆·侯赛因时期进行的重建引起了广泛的争议。

庄严的神庙

然而，毫无疑问，巴比伦最重要的两座建筑是一高一矮两座神庙，它们位于埃利都区，都供奉着马杜克。一座神庙被称为艾特美南基（Etemenaki），意为“连接天地的基础”；另一座同样庄严的神庙被称为埃萨吉拉（Esagila），意为“最高峰之家”。

埃萨吉拉神庙长 85.8 米，宽 79.3 米，用于日常拜祭马杜克及其神族之所。北面距其约 80 米处的艾特美南基神庙则只用于其他仪式。艾特美南基神庙拥有一道恢宏的围墙，围住了长 456 米、宽 406 米的面积，围墙内还有一座供奉马杜克的塔庙。最新的研究显示，马杜克塔庙长 90 米，宽 90 米，高 60 米。每年早春时分，神明都会在神庙的最上层显圣，庆祝圣婚。这一传统仪式开启了新的一年，护佑国土肥沃，城市繁荣。尼布甲尼撒二世的翻新工程使它更加炫目。

艾特美南基扮演着非常重要的角色，是宇宙力量的催化剂，使巴比伦成为宇宙的中心，新的生命循环从这里开始。巴比伦自汉谟拉比时代就塑造了这样的形象。《圣经》中巴别塔的故事就是受此启发——巴别塔的建造者想要攀上天空，却因野心太大受到了神的严厉惩罚。

附　录

插图（左侧） 乌尔的旗帜“和平”面的细节图。发现于乌尔的皇家陵墓，可以追溯到公元前3千纪中叶（现藏于伦敦大英博物馆）。

中东的伟大文明

阿斯塔科斯
伊南迪克
阿拉卡丘
兰普萨库斯
基齐库斯
桑伽里俄斯河（萨卡里亚河）
戈尔狄翁
安库瓦
（安卡拉）
哈图沙什
马萨特丘
特洛伊
埃斯基谢希尔
加沃卡莱西
哈提
安库瓦
弗里吉亚
哈里斯河（克孜勒河）
阿菲永
塔巴尔
卡尼什/奈沙
（灰山）
开塞利
萨勒兹
吕底亚
雅布
图兹湖
阿瑟姆丘
希俄斯
弗凯亚
士麦那（伊兹密尔）
贝策素丹
普鲁珊达
库曼尼
以弗所
门德雷斯河
科尼亚
图瓦纳
加泰土丘
米利都
阿芙罗狄西亚
哈吉拉
胡比什那
蒂亚纳
基祖瓦特纳
海利卡纳索斯
希拉库
卡拉曼
安纳库
阿达纳
卢卡
托罗斯山脉
塔尔苏斯
萨马尔
梅尔辛
罗德岛
阿拉拉赫
阿勒颇
阿拉什亚/亚德那那
（塞浦路斯）
乌里苏
乌加里特
萨拉米斯
帕福斯
阿瓦德
拉木提
西米拉
哈马
卡特纳
霍姆斯
卡迭石
比布鲁斯
（古布拉）
西顿
推罗
大马士革
地中海
夏琐
梅吉多
贝特-谢安
撒马利亚
以色列
耶路撒冷
加沙
拉奇什
犹太
布陀
坦尼斯
布西里斯
布巴斯提斯
孟斐斯
埃及
以东
赫拉克来俄波利斯
卢伽尔-扎格西（前2340—前2316）统一苏美尔国家
纳拉姆-辛（前2260—前2223）统治下的阿卡德帝国
臣服于乌鲁克的领土
乌尔第三王朝边界（前2112—前2004）
汉谟拉比的帝国（前1792—前1750）
赫梯古古王国（前1650左右—前1450）
赫梯帝国最大程度的领土扩张（前1350）
萨乌什塔塔（前1430—前1420）统治下的米坦尼王国
萨尔贡二世统治下的新亚述帝国（前722—前705）
尼布甲尼撒二世（前605—前562）统治下的新巴比伦帝国
首都或主要城市
其他城市

本廷山脉
卡拉苏河
塞凡湖
阿拉斯河
阿尔廷泰普
穆拉特河
乌拉兹吉尔特
科鲁库泰普
凡湖
乌拉尔图
里海
尼赫瑞亚
迪亚克巴克尔
阿米德
大扎布河
乌尔米耶湖
乌尔喀什
（莫赞）
查加尔-巴扎尔
舒巴特-恩利尔
穆萨希尔
纳巴达
（贝达）
哈拉夫
纳加尔
（布拉克）
底格里斯河
杜尔-沙鲁金
（豪尔萨巴德）
尼尼微
（库云吉克山）
阿尔巴-伊鲁/埃尔比勒
卡尔库
（尼姆鲁德）
米底
幼发拉底河
西姆鲁姆
苏里
哈布尔河
亚述
（卡拉特·谢尔卡特）
小扎布河
阿尔帕
旮苏尔
（努兹）
达尔班-苗尔
特卡
埃卡拉图姆
扎格罗斯山脉
艾克巴塔那
马里
幼发拉底河
哈纳
伊图
萨浦
萨迈拉
迪亚拉
哈马兹
图图尔
埃什努纳
库克努里
拉皮库姆
西帕尔
底格里斯河
德尔
杜尔-伊利
卡克赫河
叙利亚大沙漠
巴比伦
阿卡德
（假设位置）
基什
拉拉克
苏萨
波尔西帕
迪尔巴特
尼普尔
阿达布
伊辛
埃兰
乌鲁克
乌玛
吉尔苏
卡伦河
拉格什
拉尔萨
欧贝德
乌尔
埃利都
波斯湾

对照年表：中东、古埃及与其他文明
（对早于公元前 2 千纪中叶的日期均采用平均年代）

中东：从最早的城市到新亚述帝国和新巴比伦帝国

公元前 3700 年—公元前 2900 年

古代青铜时代

- 乌鲁克时期，世界最早的城市出现
- 城邦模式的巩固和发展
- 最早的寺庙之城：苏萨和尼尼微
- 捷姆迭特·那色时期

文化成就：

- 轮胎和犁的发明
- 原始象形文字的诞生

公元前 2900 年—公元前 2750 年

早王朝第一期

- 苏尔美文明的发展
- 最早的宫殿
- 独立城邦的出现

文化成就：

- 楔形文字的出现
- 青铜取代了黄铜

公元前 2750 年—公元前 2334 年

早王朝第二、第三期

- 麦萨内帕达建立乌尔第一王朝
- 早期苏美尔城市的创建：乌鲁克、埃利都、基什、尼普尔、乌玛和拉格什

文化成就：

- 乌尔的旗帜
- 安纳托利亚铁器时代的开端

公元前 2350 年—公元前 2112 年

阿卡德帝国

- 萨尔贡大帝创建阿卡德帝国
- 萨尔贡大帝之孙纳拉姆-辛巩固并把帝国的疆域扩大到扎格罗斯山脉
- 印欧民族在伊朗和安纳托利亚定居
- 库提人征服了阿卡德

文化成就：

- 埃布拉王宫的泥板

古埃及：从新石器时代到中王国时期

公元前 3200 年—公元前 3000 年

前王朝时期（纳卡达三期或第零王朝）

- 上下埃及的原始王国
- 史前君主
- 当时的神：赛特和荷鲁斯

文化成就：

- 建造最早的帆船
- 象形文字出现

公元前 3000 年—公元前 2686 年

早王朝时期（第一王朝和第二王朝）

- 上下埃及实现政治统一
- 纳尔迈（Narmer）是第一位统一埃及的法老
- 法老杰特（Narmer）上位，又被称为“蛇王”
- 首都：阿比多斯（Abydos）

文化成就：

- 纳尔迈的调色盘
- 早期马斯塔巴（mastaba）墓葬建筑出现

公元前 2686 年—公元前 2181 年

古王国时期（第三—第六王朝）

- 胡夫（Khéops）、卡夫拉（Khéphren）、孟卡拉（Khéphren）的统治
- 赫里奥波里斯（Héliopolis）的祭司们建立第五王朝。
- 确立对拉神（Rê）的崇拜。
- 第六王朝统治时期，中央政权瓦解。

文化成就：

- 萨卡拉（Saqqara）古墓群
- 吉萨（Gizeh）金字塔
- 木乃伊

公元前 2181 年—公元前 2055 年

第一中间时期（第七—十一王朝）

- 尼罗河三角洲被亚细亚人占据
- 下埃及被赫拉克来俄波利斯（Héracléopolis）王朝（第九、十王朝）统治
- 底比斯王朝的建立（第十一王朝）

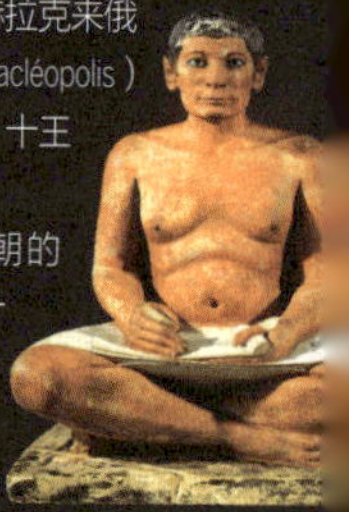

其他文明

公元前 3500 年—公元前 3000 年

- **欧洲：**爱尔兰的纽格莱奇（Newgrange）墓
- **亚洲：**中国的蚕桑饲养和丝绸
- **美洲：**种植玉米
- 最早的陶瓷出现（厄瓜多尔和哥伦比亚）
- **大洋洲：**澳大利亚土著的岩画

公元前 3000 年—公元前 2700 年

- **欧洲：**中欧的多瑙河文化
- 希腊基克拉泽斯（Cyclades）的大理石雕像
- 希腊的青铜时代开端
- **亚洲：**东南亚的早期农耕村落的出现
- **美洲：**棉花种植

公元前 2700 年—公元前 2300 年

- **欧洲：**青铜在欧洲和亚洲被频繁使用
- **亚洲：**发源于印度河谷的哈拉帕（Harappa）文明
- 中国的丧葬陶器装饰
- **美洲：**位于秘鲁的卡拉尔（Caral）建立，这是美洲大陆最古老的城市
- 中美洲文明开端

公元前 2300 年—公元前 2100 年

- **欧洲：**巨石阵（Stonehenge）达到最终形态
- 克里特岛的米诺斯文明开端
- **亚洲：**中国首次记录彗星
- **美洲：**秘鲁冶金业的开端

公元前 2112 年—公元前 1650 年

乌尔第三王朝、古亚述和古巴比伦时期

- 乌尔纳姆建立乌尔第三王朝
- 伊辛和拉尔萨发展到巅峰
- 亚述的崛起
- 巴比伦第一王朝

文化成就：

- 乌尔第一座塔庙建造
- 汉谟拉比编纂法典

公元前 1650 年—公元前 1450 年

赫梯古王国

- 亚述政权被削弱
- 赫梯帝国控制叙利亚和上美索不达米亚
- 赫梯人攻克阿勒颇和巴比伦
- 米坦尼王国的兴衰

文化成就：

- 语音字母表的出现

公元前 1450 年—公元前 1000 年

赫梯帝国与中亚述帝国

- 图塔利亚一世发动赫梯帝国的扩张
- 亚述人对抗赫梯人，征服了米坦尼，并攻占了巴比伦的领土
- 卡迭石战役中，拉美西斯二世对抗赫梯
- 海上民族摧毁了赫梯帝国

公元前 1000 年—公元前 539 年

新亚述帝国与新巴比伦帝国

- 亚述人征服了埃及，建立新亚述帝国
- 亚述被巴比伦和米底联军打败
- 新巴比伦帝国最大程度扩张
- 波斯国王居鲁士二世攻克巴比伦，使之成为波斯帝国的一个省

公元前 2055 年—公元前 1650 年

中王国时期（第十一—十四王朝）

- 曼图霍特普二世（Montouhotep II）统一埃及，驱逐了入侵者
- 攻占了克里特、努比亚和苏丹
- 首都：孟斐斯

文化成就：

- 埃及文学的黄金时期

公元前 1650 年—公元前 1550 年

第二中间时期（第十五—十七王朝）

- 西克索斯人（第十五王朝）攻占下埃及，定都阿瓦利斯（Avaris）
- 定都底比斯的第十六、十七王朝统治上埃及
- 底比斯十七位王朝的卡莫斯向西克索斯人开战

公元前 1550 年—公元前 1069 年

新王国时期（第十八—二十王朝）

- 雅赫摩斯一世建立新帝国
- 图特摩斯的军事成就
- 阿美诺菲斯三世确保国家的稳定
- 阿美诺菲斯四世（阿肯那顿）时期，放弃了对阿蒙神的崇拜，确立对阿顿神的崇拜

公元前 1069 年—公元前 664 年

第三中间时期（第二十一—二十五王朝）

- 埃及分裂为两个区域：一个是法老斯门代斯一世（Smendès Ier）的统治，另一个位于现在的努比亚，由祭司赫里霍尔（Hérihor）统治
- 亚述侵略并征服埃及

公元前 2100 年—公元前 1700 年

- **欧洲：** 克里特建造科诺索斯（Cnossos）宫殿
- **亚洲：** 中国第一批城市建立
- **美洲：** 双手交叉（Mains croisées）神庙，建造于科托什文化时期。科托什位于秘鲁的瓦努科省附近
- 秘鲁的弗洛里达仪式中心建立
- **大洋洲：** 来自印度尼西亚的拉匹塔人，在美拉尼西亚（Mélanésie）定居

公元前 1700 年—公元前 1500 年

- **欧洲：** 迈锡尼文明诞生于希腊
- 巴利阿里群岛和撒丁岛上的巨石建筑开端
- **亚洲：** 中国书法的早期形式
- 雅利安人摧毁了印度河谷文明，在北印度确立了统治

公元前 1500 年—公元前 1000 年

- **欧洲：** 骨灰瓮文化开始
- 西欧最早的丘堡
- 伊特拉斯坎人抵达意大利
- **亚洲：** 中国商周王朝
- **美洲：** 奥尔梅克（olmèque）文明诞生于墨西哥

公元前 1500 年—公元前 500 年

- **欧洲：** 罗马的建立
- 中欧和西欧的哈尔施塔特文化
- 民主制度在雅典确立
- 第一届奥林匹克大会
- 最早的货币投入流通
- **亚洲：** 孔子和佛陀出生
- **美洲：** 墨西哥阿尔班山（Monte Albán）古城建立

王朝列表

阿卡德帝国君主

萨尔贡大帝	公元前2340年—公元前2284年
瑞穆什	公元前2284年—公元前2275年
玛尼吐苏	公元前2275年—公元前2260年
纳拉姆-辛	公元前2260年—公元前2223年
沙尔-卡利-沙瑞	公元前2223年—公元前2198年
伊尔吉吉/伊米/纳努姆/埃鲁鲁	公元前2198年—公元前2195年
杜度	公元前2195年—公元前2174年
舒图鲁尔	公元前2174年—公元前2159年

乌尔第三王朝君主

乌图-赫伽尔	公元前2119年—公元前2113年
乌尔纳姆	约公元前2112年—公元前2095年
舒尔吉	约公元前2094年—公元前2047年
阿马尔-辛	公元前2046年—公元前2038年
舒-辛	公元前2037年—公元前2027年
伊比辛	约公元前2026年—公元前2004年

伊辛的君主

伊什比-埃拉	公元前2017年—公元前1985年
舒-伊利舒	公元前1984年—公元前1975年
伊丁-达干	公元前1974年—公元前1954年
伊什美-达干	公元前1953年—公元前1935年
里皮特-伊什塔	公元前1934年—公元前1924年
乌尔-尼努尔塔	公元前1923年—公元前1896年
布尔-辛	公元前1895年—公元前1874年
里皮特-恩利尔	公元前1873年—公元前1869年
埃拉-伊米提	公元前1868年—公元前1861年
恩利尔-巴尼	公元前1860年—公元前1837年
赞比亚	公元前1836年—公元前1834年
伊泰尔-皮沙	公元前1833年—公元前1831年
乌尔-杜库伽马	公元前1830年—公元前1828年
辛-玛吉尔	公元前1827年—公元前1817年
达米克-伊利舒	公元前1816年—公元前1794年

拉尔萨的君主

冈古努姆	公元前1932年—公元前1906年
阿比-萨莱	公元前1905年—公元前1895年
苏姆埃尔	公元前1894年—公元前1866年
努尔-阿达德	公元前1865年—公元前1850年
辛-伊丁纳姆	公元前1849年—公元前1843年
辛-埃瑞巴姆	公元前1842年—公元前1841年
辛-伊奇萨姆	公元前1840年—公元前1836年
西里-阿达德	公元前1835年—公元前1834年
瓦拉德-辛	公元前1834年—公元前1823年
瑞姆-辛一世	公元前1822年—公元前1763年

古巴比伦君主

苏姆-阿布姆	公元前1894—前1881年
苏姆-拉埃尔	公元前1880—前1845年
萨比乌姆	公元前1844年—公元前1831年
阿皮尔-辛	公元前1830年—公元前1813年
辛-穆巴利特	公元前1812年—公元前1793年
汉谟拉比	公元前1792年—公元前1750年
萨姆苏-伊鲁纳	公元前1749年—公元前1712年
阿比-舒	公元前1711年—公元前1684年
阿米-迪塔纳	公元前1683年—公元前1648年
阿米-萨杜卡	公元前1647年—公元前1626年
萨姆苏-迪塔纳	公元前1625年—公元前1595年

赫梯古王国君主

拉巴尔纳	公元前1650年左右
哈图西里一世	公元前1650年—公元前1620年
穆尔西里一世	公元前1620年—公元前1590年
汉提里一世	公元前1590年—公元前1560年
齐丹塔一世	公元前1560年—公元前1550年
阿穆纳	公元前1550年—公元前1530年
胡齐亚一世	公元前1530年—公元前1525年
铁列平	公元前1525年—公元前1500年
塔胡尔瓦伊里、阿鲁瓦马、汉提里二世、齐丹塔二世、胡齐亚二世、穆瓦塔利一世	公元前1500年—公元前1450年

喀西特君主

甘达什	公元前1730年
阿古姆一世	公元前1730年
卡什提里亚什一世	公元前1660年
阿古姆二世	公元前1570年
布尔纳-布里亚什一世	公元前1530年—公元前1500年
卡拉因达什	公元前1413年
卡达什曼-哈伯一世	公元前1413年
库瑞噶尔祖一世	公元前1413年
卡达什曼-恩利尔一世	公元前1374年—公元前1360年
布尔纳-布里亚什二世	公元前1359年—公元前1333年
卡拉-哈达什	公元前1333年
纳兹-布伽什	公元前1333年

库瑞噶尔祖二世	公元前1332年—公元前1308年
纳兹-玛鲁塔什	公元前1307年—公元前1282年
卡达什曼-图尔古	公元前1281年—公元前1264年
卡达什曼-恩利尔二世	公元前1263年—公元前1255年
库都尔-恩利尔	公元前1254年—公元前1246年
沙嘎拉克提-舒瑞亚什	公元前1245年—公元前1233年
卡什提里亚什四世	公元前1232年—公元前1225年
恩利尔-纳丁-舒米	公元前1224年
卡达什曼-哈勃二世	公元前1223年
阿达德-舒马-伊丁纳	公元前1222年—公元前1217年
阿达德-舒马-乌苏尔	公元前1216年—公元前1187年
梅里-什帕克	公元前1186年—公元前1172年
马尔杜克-阿普拉-伊丁纳一世	公元前1171年—公元前1159年
扎巴巴-舒马-伊丁纳一世	公元前1158年
恩利尔-纳丁-阿赫	公元前1157年—公元前1155年

赫梯帝国君主

图塔利亚一世	公元前1430年—公元前1400年
阿尔努旺达一世	公元前1400年—公元前1385年
图塔利亚二世	公元前1385年—公元前1360年
哈图西里二世	公元前14世纪
图塔利亚三世	公元前14世纪
苏庇路里乌玛一世	公元前1344年—公元前1322年
阿尔努旺达二世	公元前1322年—公元前1321年
穆尔西里二世	公元前1321年—公元前1295年
穆瓦塔利二世	公元前1295年—公元前1272年
穆尔西里三世	公元前1272年—公元前1267年
哈图西里三世	公元前1267年—公元前1237年
库伦塔	公元前1228年
图塔利亚四世	公元前1228年—公元前1209年
阿尔努旺达三世	公元前1209年—公元前1208年
苏庇路里乌玛二世	公元前1207年—公元前1178年

中亚述帝国君主

亚述-乌巴里特一世	公元前1365年—公元前1330年
恩利尔-尼拉里	公元前1329年—公元前1320年
阿里克-登-伊利	公元前1319年—公元前1308年
阿达德-尼拉里一世	公元前1307年—公元前1275年
萨尔玛纳萨尔	公元前1274年—公元前1245年
图库尔提-尼努尔塔一世	公元前1244年—公元前1208年
亚述-纳丁-阿普利	公元前1207年—公元前1204年
亚述-尼拉里三世	公元前1203年—公元前1198年
恩利尔-库杜里-乌苏尔	公元前1197年—公元前1193年
尼努尔塔-阿匹尔-埃库尔	公元前1192年—公元前1180年
亚述-丹一世	公元前1179年—公元前1134年
尼努尔塔-图库尔提-亚述	公元前1133年
穆塔基尔-努斯库	公元前1133年
亚述-莱沙-伊什伊什	公元前1132年—公元前1115年
提格拉特-帕拉沙尔一世	公元前1114年—公元前1076年
阿沙莱德-阿匹尔-埃库尔	公元前1075年—公元前1074年
亚述-贝尔-卡拉	公元前1073年—公元前1056年
埃瑞巴-阿达德二世	公元前1055年—公元前1054年
沙姆什-阿达德四世	公元前1053年—公元前1050年
亚述纳兹帕尔一世	公元前1049年—公元前1031年

新亚述帝国君主

亚述-丹二世	公元前934年—公元前912年
阿达德-尼拉里二世	公元前911年—公元前891年
图库尔提-尼努尔塔二世	公元前890年—公元前884年
亚述纳兹帕尔二世	公元前883年—公元前859年
萨尔玛纳萨尔三世	公元前858年—公元前824年
沙姆什-阿达德五世	公元前823年—公元前811年
阿达德-尼拉里三世	公元前810年—公元前783年
萨尔玛纳萨尔四世	公元前783年—公元前772年
亚述-丹三世	公元前772年—公元前755年
亚述-尼拉里五世	公元前754年—公元前745年
提格拉特-帕拉沙尔三世	公元前744年—公元前727年
萨尔玛纳萨尔五世	公元前727年—公元前722年
萨尔贡二世	公元前722年—公元前705年
辛纳赫里布	公元前705年—公元前681年
伊萨哈顿	公元前680年—公元前669年
亚述巴尼拔	公元前668年—公元前630年
亚述-艾提尔-伊拉尼	公元前630年—公元前627/625年
辛-舒姆-利希尔	公元前626年
辛-沙尔-伊什昆	公元前626年—公元前612年
亚述-乌巴里特二世	公元前611年—公元前609年

新巴比伦帝国君主

那波帕拉萨	公元前626年—公元前605年
尼布甲尼撒二世	公元前605年—公元前562年
阿梅尔-马尔杜克	公元前562年—公元前560年
涅里格利沙尔	公元前560年—公元前556年
拉巴什-马尔杜克	公元前556年
那波尼德	公元前556年—公元前539年

NATIONAL GEOGRAPHIC

图书在版编目（CIP）数据

美索不达米亚文明 / 美国国家地理学会编著 ; 袁姗姗译. -- 北京 : 现代出版社, 2022.8（2024.10重印）

（美国国家地理全球史）

ISBN 978-7-5143-9912-7

Ⅰ. ①美… Ⅱ. ①美… ②袁… Ⅲ. ①美索不达米亚一文化史 Ⅳ. ①K124.3

中国版本图书馆CIP数据核字(2022)第104564号

版权登记号：01-2022-2699

由北京久久梦城文化发展有限公司代理引进

美索不达米亚文明（美国国家地理全球史）

MEISUOBUDAMIYA WENMING（MEIGUO GUOJIA DILI QUANQIUSHI）

编 著 者　美国国家地理学会
译　　者　袁姗姗

策划编辑　吴良柱
责任编辑　张　霆　张　瑾
责任印制　贾子珍
内文排版　北京锦创佳业文化传播有限公司
出版发行　现代出版社
地　　址　北京市安定门外安华里504号
邮政编码　100011
电　　话　(010) 64267325
传　　真　(010) 64245264
网　　址　www.1980xd.com
印　　刷　北京瑞禾彩色印刷有限公司
开　　本　710mm × 1000mm　1/16
印　　张　13.75
字　　数　210千字
版　　次　2022年8月第1版　2024年10月第3次印刷
书　　号　ISBN 978-7-5143-9912-7
定　　价　79.80元